ちくま新書

ルポ 過労社会
——八時間労働は岩盤規制

中澤 誠
Nakazawa Makoto

1138

プロローグ

「過労死ライン」という言葉をご存じだろうか。

一カ月八十時間の残業を指し、過労死を認定する一つの基準となっている。厚生労働省の「発症前一カ月におおむね百時間か、二〜六カ月におおむね月八十時間を超える時間外労働（残業）は業務との因果関係が強い」という通達に基づく。つまり、おおむね月八十時間を超えて残業させると、過労が原因で死ぬかもしれないと警告しているのだ。

にもかかわらず、日本を代表する大企業の七割が、過労死ライン以上の残業を認めている。極論すれば、大企業の七割で社員が過労死してもおかしくない働き方になっているのだ。高度経済成長期のモーレツサラリーマンは過去の話ではない。日本は、いまだに長時間労働に依存した働き方を続けているのである。

こんな「過労大国・日本」で、私たちの働き方が大きな転機を迎えようとしている。残業が当たり前となっている日本社会だが、法律では一日に働ける時間を八時間までと定めている。それ以上働けば違法となる。

ただし、例外がある。経営者側と労働者側が合意すれば、一日八時間を超えて働かせる、つまり残業させることができる。その代わりに残業や休日出勤させた場合、会社に対し、通常の額よりも上乗せした賃金（残業代）を従業員に支払うことを法律で定めている。割り増しした賃金を支払わせるという経済的負荷をかけることで、会社が従業員を働かせ過ぎないように歯止めをかけている。

今、働き過ぎに歯止めをかける規制を緩めようという動きが進んでいる。

「世界で一番、企業が活動しやすい国にする」。安倍晋三首相は、このスローガンの下、「アベノミクス」という経済政策を押し進めている。アベノミクスの扇の要として重視しているのが規制改革だ。企業の経済活動に足かせとなる障害を「岩盤規制」と呼び、規制の緩和・撤廃によって低迷する日本経済の再生を目指す。安倍首相は、「自らがドリルになる」と明言し、岩盤に穴を開けようと意気込む。

それは労働分野も例外ではない。

安倍政権は二〇一五年四月、残業すれば割り増し賃金を払うという労働時間の規制を一部撤廃する法律改正案を閣議決定し、国会に提出した。社員がいくら働こうが会社は残業代を支払わなくてもいい、分かりやすく言い換えるならば「残業代ゼロ制度」だ。

改正案では、残業代ゼロ制度について、年収一千七十五万円以上で、高度知識を有する専門職に就く人たちが対象と想定されている。多くのサラリーマンは、自分は対象外だからと他人事に聞こえるかもしれない。

経済界は、もっと多くの人にまで対象を広げたいと考えており、将来的に拡大される恐れもある。また改正案には、「残業代ゼロ制度」に近い、いくら働いても事前に決めた時間分の賃金しか支払わない「裁量労働制」の適用拡大も盛り込まれている。

政府や経済界は、労働規制の緩和によって「働いた時間ではなく成果に応じて評価されるようになり、働き過ぎの防止、ワーク・ライフ・バランス（生活と仕事の調和）が進む」とメリットを強調する。

確かに日本の産業構造や私たちの生活は大きく変わった。今までの制度に弊害が生じていることも事実だ。ただ、ここ十年近くの経済重視の規制緩和が進んだ結果、私たちの暮らしはどうなっただろうか。非正規雇用が拡大。過労死やメンタル不調、パワハラなどと職場の環境劣化は広がっている。長時間労働に依存した働き方も歯止めはかかっていない。

一日八時間という労働時間は、一八八六年五月一日、長時間労働に苦しめられていた米国の労働者たちが、一日二十四時間のうち「仕事に八時間、休息に八時間、自分の時間に八時間を」と求めてストライキをしたことに由来する。人間らしい生き方を取り戻すための闘いが、後に国際基準として確立し、今に至る。

一日に働く時間を定めた労働基準法は、働くための最低限の基準を定めた法律だ。働く人たちの命や健康を守るための規制までも同列に「岩盤」と論じることに、違和感をぬぐえない。長時間労働に依存した働き方こそ、真っ先に穴を開けるべき「岩盤」ではないだろうか。

安倍政権が進める労働規制の緩和を検証するとともに、今の日本の労働現場の実態をリポートする。

第三章　はびこる長時間労働　

第一章 「残業代ゼロ制度」の舞台裏

※本章で登場する人たちの肩書き・所属先は当時のものである。

†「残業代ゼロ制度」創設へ

二〇一五年四月三日、政府は閣議で、労働基準法の改正案を決定し、国会に提出した。改正の柱は、労働時間のルールの見直しだ。労働時間の規制を外し、いくら働いても残業代を支払わなくてもいい「残業代ゼロ制度」の導入が盛り込まれた。安倍晋三政権は二〇一五年の通常国会で成立させ、二〇一六年四月の導入を目指している。

安倍政権では、経済成長のため、企業活動を阻害するような規制の緩和・撤廃を進めようとしている。労働分野の規制についても、安倍首相直下の「産業競争力会議」で改革の方向性を定め、二〇一四年秋から厚生労働省の労働政策審議会で制度設計が図られた。労政審は二〇一五年三月、「おおむね妥当」と答申していた。

改正案では、残業代ゼロ制度について「年収が平均給与額の三倍を相当程度上回る労働者」で、かつ「高度な職種」の労働者を対象としており、厚労省は「高度プロフェッショナル制度」と命名している。厚労省は、年収一千七十五万円以上で、金融商品の開発や証券会社のアナリスト、医薬品開発の研究者などの職種を想定している。具体的な適用条件については、法成立後、改めて労政審で審議した上で、厚労省が省令で定めるという。

†成果に応じて賃金を払う制度？

労働時間の規制を除外する「残業代ゼロ制度」について、「時間ではなく成果に応じて賃金を払う新たな働き方ができる」という報道が散見される。働いた成果で賃金が決まる制度を新たに法律で定めると思われるかもしれないが、それは違う。

改正案には、一言も「成果に応じて賃金を払う制度」とは書かれていない。あくまで、法律の趣旨は、「労働時間の規制を除外する」だ。厚労省の改正案の提案理由にも、「創造的な能力を発揮しながら効率的に働くことができる環境を整備するため」とある。

労働時間の規制とは何か。

	残業代	休日手当	深夜手当	働き方の特徴	主な対象者
一般的な働き方	○	○	○	1日8時間、週40時間	一般社員
管理監督者	×	×	○	午後10時以降の労働には手当	裁量のある管理職
裁量労働制	賃金に含む	○	○	あらかじめ労使で決めた労働時間の分だけ賃金を払う	デザイナーなど専門職、本社の企画・調査部門
高度プロフェッショナル制度	×	×	×	1日8時間を超えて働いても残業代は支払われない	年収1075万円以上で高度な専門能力のある職種
日本版ホワイトカラー・エグゼンプション（2006年検討）	×	×	×	1日8時間を超えて働いても残業代は支払われない	年収900万円以上で管理職の一歩手前の労働者

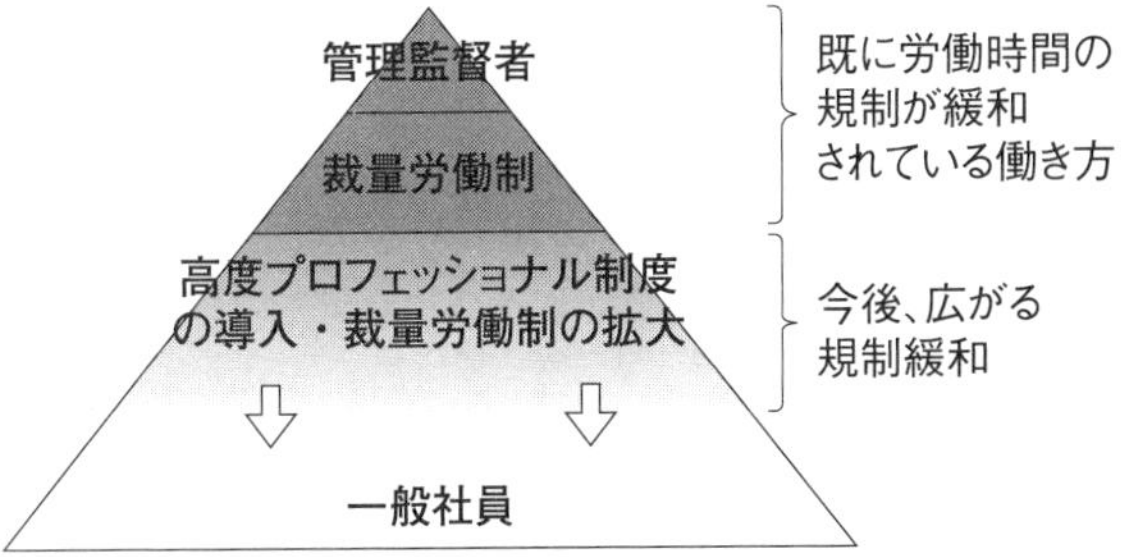

図表1　高度プロフェッショナル制度、裁量労働制、8時間労働の違い

労働基準法三二条には、「使用者は、労働者に、休憩時間を除き一週間について四十時間を超えて、労働させてはならない。使用者は、一週間の各日については、労働者に、休憩時間を除き一日について八時間を超えて、労働させてはならない」と定めている。違反した場合、六カ月以下の懲役または三十万円以下の罰金が課される。つまり、法律では罰則を課してまで残業を禁じているのだ。

ただし、36協定《サブロク》という協定を労使間で結べば、合意した上限時間内なら残業や休日労働を認めている（36協定については、七九頁で詳述）。その代わり、従業員に残業させた場合、通常よりも割り増しした賃金の支払い（残業代）を使用者側に義務付けている。

労働時間規制の適用から除外するということは、「従業員に一日八時間、週四十時間を超えて働かせても、会社は残業代を支払わなくてもいい」ことを意味する。

これまでの政府や産業競争力会議の民間議員の説明を聞くと、確かに誤解を招きやすい。「成果で評価される自由な働き方にふさわしい労働時間制度の新たな選択肢を示す必要がある」（安倍首相、二〇一四年五月二十八日の産業競争力会議）

そもそも成果に応じて賃金を払うかどうかは、個別の会社の判断による。法的に残業代の支払いを免除されることと、成果に応じた賃金体系とは別物だ。政府や経済界が「成果」「成果」と繰り返すのは、「残業代ゼロ制度」と流布されないように、あえて論点をずらしているようにも聞こえる。

厚労省労働政策条件課の担当者に話を聞いてみた。

「確かに、成果で賃金を決める制度ではありません。法改正で導入しようとする高度プロフェッショナル制度の対象となる高度な専門職の人たちは成果で評価する要素が大きい職種ですが、現状では残業すれば時間に応じて割増賃金を払わなければならず、労働時間で評価する要素も入っています。そこで、時間で評価する要素を外せば、純粋に成果で評価しやすくなるというものです」

つまり、法律で労働時間の規制を外すことは、成果に応じて賃金を決める働き方を促す環境づくりをすすめることと同義である。

経済界は「時間に縛られなくなり、早く帰宅することも可能になり、ワーク・ライフ・バランスが進む」とも主張しているが、結局は企業の運用次第だ。

†低い労働生産性

労働時間の規制緩和の背景には経済界の強い意向があった。

グローバル化が加速し、国際競争はますます熾烈になっている。生き残りをかける国内企業の危機感は強い。しかし、国内に目を転じて見ると、少子高齢化に伴い、働き手となる労働人口が減っている。労働人口の減少は生産力の低下につながりかねない。経済界には、働き手が減る分、労働者一人一人が効率的に働くことで稼ぐ力を維持したいという思いがある。量が減るなら質でカバーしようという発想だ。

質を高めるために経済界が求めているのは、成果重視の働き方へのシフトだ。どれだけ頑張ったかという「過程＝労働時間」を評価するのではなく、どれだけ会社の売り上げに貢献したかという「成果」で評価する。経営者からすると、いくら頑張っても成果が出なければコストでしかない。成果で評価したい経済界にとって、残業すれば余分に賃金を支払わなければならない現行のルールは足かせだった。

労働力に対して、どのくらいの成果を上げたのかを測るものとして、労働生産性という指標がある。いかに効率よく働き、成果を上げているかを示すデータと言えよう。日本は、海外の主要国に比べて労働生産性が低い。

二〇一二年の労働者一人当たり平均年間労働時間は、日本は一千七百四十五時間なのに対し、ドイツは一千三百九十七時間、フランスは一千四百七十九時間にすぎない。一方、就業者一人当たりの労働生産性で比較すると、経済協力開発機構（ＯＥＣＤ）加盟三十四カ国のうち、日本は二十一位にとどまる。先進七カ国で最下位だ。

経済界が労働時間の規制緩和を求めている理由として、働いた時間に応じて賃金が決まる従来の働き方が日本でなじまなくなっていることも背景にある。

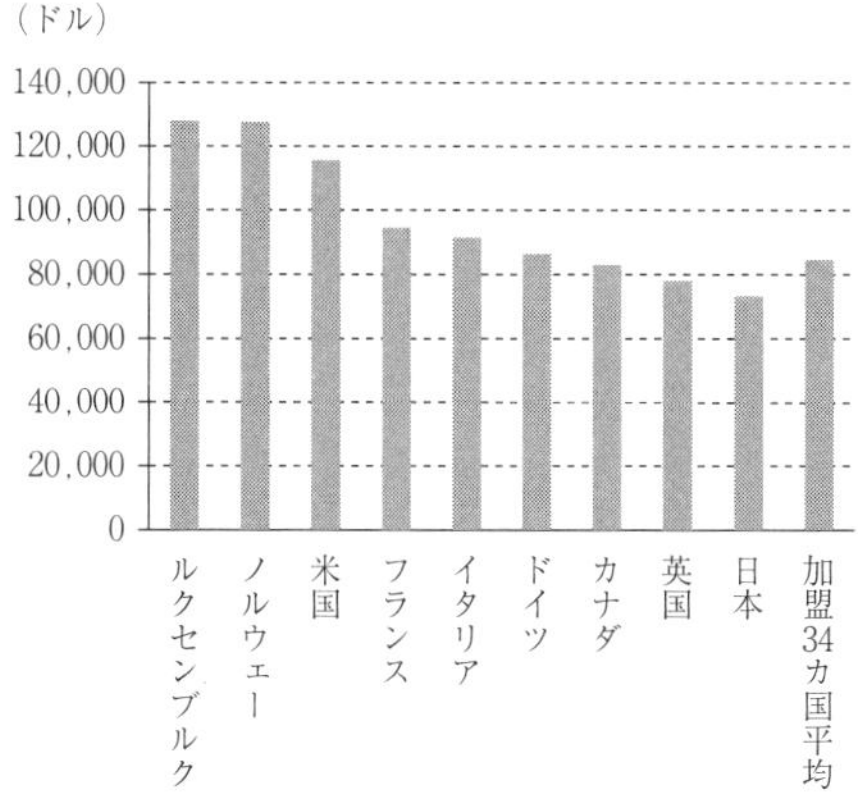

出所）2012年、CECD調べ。就業者１人あたり

図表２　先進国で最下位の日本の労働生産性

労働時間のルールを定めた労働基準法は、終戦直後、工場などで働く労働者「ブルーカラー」を想定してつくられたものだ。時代とともに日本の産業構造が変化。今や事務系労働者である「ホワイトカラー」が主流となっている。そもそもホワイトカラーはアイデアや企画力が求められる仕事で、ブルーカラーのように働いた時間に応じて成果が出るわけではない。

経済界が目を付けたのが、米国で導入され

ていた労働時間規制の除外制度「ホワイトカラー・エグゼンプション」だった。働いた時間で成果を図りづらい一部のホワイトカラーを「一日八時間を超えて働けば残業代を払う」という規制から外す（エグゼンプション）ことを意味する制度だ。

経団連は二〇〇五年六月、政府に対し、ホワイトカラー・エグゼンプションの創設を提言した。創設の理由として「ホワイトカラーは職場にいる時間だけ仕事をしているわけではないため、現行の労働時間管理はなじまない」「現行法の下では非効率的に長時間働いた者は時間外割増賃金が支給されるので、効率的に短時間で同じ成果を上げた者よりも、結果として、その報酬が多くなるといった矛盾と不公平感が生じ、モチベーションを下げる原因となっている」と働きかけた。

†安倍首相の悲願

安倍首相にとって、労働時間の規制緩和は悲願の政策だろう。

第一次安倍政権下の二〇〇六〜二〇〇七年にも、労働時間規制の適用から除外する制度を検討していた。米国で先行して導入されているホワイトカラー・エグゼンプションをモデルとしたことから、当時は「日本版ホワイトカラー・エグゼンプション」と呼ばれていた。

　日本版ホワイトカラー・エグゼンプションの対象は、今回の労基法改正案に盛り込まれた「高度プロフェッショナル制度」よりも幅広い対象が想定されていた。管理職の一歩手前に位置する者や、研究開発部門のプロジェクトチームのリーダーなどだ。

　経団連が年収四百万円以上を対象に求めていたこともあり、ホワイトカラーの多くに残業代が払われなくなるとの不安が広がった。「残業代ゼロ法案」「過労死促進法案」と世論から猛反発を浴びることになる。最終的に厚労省は、「年収九百万円以上」まで対象を絞ったが、参院選を控えており、与党議員からも批判が上がった。

　二〇〇七年一月、安倍首相は「働く人たちの理解がなければうまくいかない。現段階で国民の理解を得られていると思わない」として、法案の提出を見送った。その年の九月、参院選で自民党は大敗。安倍首相は二カ月後、退陣した。ホワイトカラー・エグゼンプションは頓挫した。

　当時、経団連事務局のナンバー2に当たる専務理事として、日本版ホワイトカラー・エグゼンプションの創設を訴えた紀《き》陸《りく》孝氏は、二〇〇九年三月十二日の日本経済新聞の夕刊インタビュー記事で、「働き方の選択肢を広げようという話だったのに、残業代ゼロ法案というネーミングに負けた」と明かしている。

法案化が見送られた後の二〇〇七年九月十一日、当時厚労相だった桝添要一・東京都知事も「横文字を使うからマスコミに残業代ゼロ法案と書かれ、一発で終わり。「家族だんらん法案」や「早く帰ろう法案」などの名前にすべきだった」と記者会見で語っている。

今回、安倍首相は「ホワイトカラー・エグゼンプションとは全く別物」と強調している。新たな制度を「高度プロフェッショナル制度」と呼んで、批判の矛先をかわそうと躍起だ。制度の対象範囲や対象職種は違えども、労働時間の規制を外す制度という点では、日本版ホワイトカラー・エグゼンプションの焼き直しでしかない。

†「あきらめたわけではない」

話は三年前にさかのぼる。民主党政権だった二〇一二年四月末。東京・丸の内の経団連会館の一室で、経団連の担当者が発した一言は今も覚えている。

長時間労働をめぐる取材の中で、第一次安倍政権時代に断念したホワイトカラー・エグゼンプションに話が及んだときのことだ。

「我々は、あきらめたわけではありません」。そう言って担当者は、法案提出を断念した二〇〇七年以降も、毎年のようにホワイトカラー・エグゼンプションの導入を政府に要望していることを明かした。事実、二〇一一年度に政府に提出した「経団連規制改革要望」には、「事務系労働者の働き方に適した労働時間制度の創設」として「裁量性の高い仕事をしている場合など、一定の要件を満たす事務系の労働者について、対象者の健康確保に留意しつつ、労働時間等規制を除外することを認める制度を創設すべきだ」とホワイトカラー・エグゼンプションの創設を求めていた。

二〇一二年十二月の衆院選で、自民党が圧勝し、民主党から政権を取り戻した。安倍氏は首相に返り咲く。それから二カ月後、安倍首相が復活させた「規制改革会議」の検討課題の中に、ホワイトカラー・エグゼンプションの導入が盛り込まれた。文言は、経団連の要望書に沿ったものだった。

確かに、この時点で経団連が目指していたのは、かつて頓挫した日本版ホワイトカラー・エグゼンプションの導入だった。やがて政府が「高度プロフェッショナル制度」の創設を掲げると、経団連も追随する。二〇一四年度の経団連の規制改革要望には、初めて「高度プロフェッショナル制度の早期導入」が明記された。

経団連は取材に対し、「職務範囲が明確であり、高い職務能力を有する者に限定して適用する高度プロフェッショナル制度は、管理監督者一歩手前の層を幅広く対象とするホワイトカラー・エグゼンプションと全く異なるものと考えている。ホワイトカラー・エグゼンプションに類似した制度の導入を政府に要望する考えはない」と答えている。

†再燃した労働規制緩和

二〇一四年五月、ロンドンの金融シティの晩餐会で、安倍首相はスピーチに立った。「労働制度は新しい時代の新しい働き方に合わせ、見直しを進める」。八年越しの労働時間規制改革に切り込む決意を語った。

二〇一二年十二月に誕生した第二次安倍政権は、経済政策「アベノミクス」を掲げ、企業活動の活性化による日本再生を目指す。アベノミクスの三本の矢の一つが、規制緩和による成長戦略だ。成長を阻む要因を「岩盤規制」と呼び、規制の緩和や撤廃を進める。

労働法制も岩盤とみなされた。これまで改革を阻まれてきた労働時間と解雇の規制が重要テーマとして挙がった。

労働時間に制限がなくなれば、仕事が増えたとき、新たに人を採用しなくても、一人ひとりの従業員の労働時間を増やすことで対応できる。解雇の規制にしても、より解雇しやすくなれば、受注が減っても余剰人員を抱え込まなくてもいい。企業にとっては需要に応じて労働力を調整しやすくなる。

安倍首相は、ロンドン外遊の際、こうも語っていた。

「これをやり遂げなければ日本は成長できない。必ず成し遂げる決意だ」

†トップダウン

規制改革は政府主導で進められた。舞台の中心は、安倍首相が自ら議長を務める「産業競争力会議」だった。「成長戦略の具体化と、推進をはかる為の調査・審議の場」として、安倍首相の就任直後に設置された。安倍首相以下、経済再生担当相や経済産業大臣ら関係閣僚と、経営トップや有識者の民間議員で構成される。

「企業に自由を与え、体質を筋肉質にしていくような規制緩和が成長戦略の一丁目一番地だ」。二〇一三年一月二十三日、産業競争力会議の初会合で、元経済財政相の竹中平蔵・慶大教授が繰り返した。

首相直下の会議で政策を決定していく手法は、小泉政権を倣ったものだ。小泉政権では閣僚と企業トップらで構成する「経済財政諮問会議」をエンジンにして、規制改革を推し進めた。当時、会議を仕切っていたのが、経済財政相だった竹中氏だ。

†労働者抜き

産業競争力会議の民間議員の人選は、首相に委ねられている。労働時間規制をめぐる議論が交わされた二〇一三〜二〇一四年当時の民間議員のメンバーは次のとおりだ。

- ・竹中平蔵　慶大教授（二〇〇一〜〇六年の小泉政権時代、経済財政担当相や総務相）
- ・長谷川閑史《やすちか》　武田薬品工業社長（経済同友会代表幹事）
- ・新浪剛史　ローソン社長（経済同友会副代表幹事）
- ・三木谷浩史　楽天社長（新経済連盟代表理事）
- ・秋山咲恵　サキコーポレーション社長（ITベンチャー企業。小泉首相時代に政府税制調査会委員）
- ・榊原定征　東レ会長（経団連会長）
- ・坂根正弘　コマツ会長（経団連副会長）
- ・岡素之　住友商事相談役（内閣府の「規制改革会議」議長）

・佐藤康博　みずほフィナンシャルグループ社長（全国銀行協会会長）
・橋本和仁　東大大学院工学系研究科教授（光触媒研究の第一人者。内閣府の総合科学技術・イノベーション会議の委員）

産業競争力会議には、テーマごとに分科会があり、労働分野は「雇用・人材分科会」が置かれた。長谷川氏を主査に、竹中氏と榊原氏が担当となった。

日本の批准している国際労働機関（ＩＬＯ）の条約では、労働政策の立案や変更などには、労働者、使用者、政府の三者で協議するという原則がある。一九四四年の米フィラデルフィアのＩＬＯ総会で「労働者および使用者の代表が、政府の代表と同等の地位において遂行する」というフィラデルフィア宣言だ。日本でも、ＩＬＯの理念に基づき、労働政策については、政労使の三者で構成する厚労省の審議会で審議を行ってきた。

しかし、産業競争力会議のメンバーは経済界の経営トップや規制改革論者で占められ、労働者側の代表はいない。

規制改革派たちが描いた絵をもとに、労働者代表のいない産業競争力会議で法案の骨格を固め、成長戦略に盛り込んでいく。残業代ゼロ制度など労働時間規制の緩和をめぐる審議も同様のプロセスを歩んだ。二〇一五年六月の成長戦略第二弾で道筋をつけると「導入ありき」で、厚労省に細かい制度設計が委ねられた。厚労省の諮問機関「労働政策審議会」（以下、労政審）の審議は半年。労使の溝が埋まらないまま、残業代ゼロ制度は押し切られてしまった。

労政審では、労働者側から「労働政策審議会という三者構成原則が適用される場があるにもかかわらず、産業競争力会議という労働者の入らない会議体で、労働政策の基本方針が決定されてきたプロセスに対して非常に違和感を持っている」と批判も出た。

†労働界は抵抗勢力

規制緩和を進めたい経済界や規制改革派にとって、労働界は目の上のこぶ。労政審の審議すら嫌がった。労使協議を避けようとする規制改革派の本音は、産業競争力会議の発言から見て取れる。

二〇一三年十二月十日の雇用・人材分科会。竹中氏は「労使の利害調整の枠を超えた専門家を含む多様なステークホルダーの意見を反映し、総理主導で議論をしなければならない」と訴え、「労政審でなければ何もきまらないということを繰り返していたら、議論は全く前に進まないと思う。はっきり言って、労政審では全く多様な意見が反映されていない」とまで言い切った。

次の十二月二十六日の分科会でも竹中氏は畳み掛けた。小泉政権時代の郵政民営化にかかわった体験を引き合いに出し、「私は郵政民営化するときに郵政審議会にはそのことを一切諮問しなかった。それは結果が分かっていたから。それとは別の特別の総理主導の問題として、別の仕組みで論議を行った」として、政治判断での決着を求めた。

†苛立ち

竹中氏が政労使の協議をあからさまに否定する背景には、思うように労働分野の規制改革が進まない苛立ちがあった。十二月二十六日の分科会で、「様々な成長戦略の各項目の中で残念だが、やはり一番遅れていると言うか、成果が乏しいと見られて批判をされているのが労働の問題だということも事実だと思っている」と発言した。

労働の規制緩和で最初に議論の俎上に載った解雇規制は、金銭解決をめぐり労働者側が反発。二〇一三年七月の参院選を前にして、いったん結論は見送られた。竹中氏は「雇用特区」構想を打ち上げ、地域限定の規制緩和で岩盤の切り崩しを図ろうとするが、「特区はなじまない」とする厚労省の抵抗にあう。

二〇一三年十月一日の産業競争力会議で、一枚の資料が配られた。この日、会議を欠席した竹中氏によるものだった。「成長戦略の当面の実行方針」と題する資料には、「特に「雇用」分野は、残念ながら、全く前進がみられないと評価せざるを得ない。また、一部歪んだ報道により、しっかりとした改革が止められる可能性についても危惧している」と憤り、マスコミに批判の矛先を向けた。

第一次安倍政権時代、世論の激しいバッシングを浴びた労働時間の規制緩和は、二〇一四年六月に策定される成長戦略第二弾の目玉政策とされた。雪辱を期す安倍首相のリターンマッチが始まった。

†長谷川ペーパー

「残業代ゼロ制度」論議をリードしたのは、産業競争力会議の民間議員、長谷川閑史・経済同友会代表幹事だった。

二〇一四年四月二十二日の経済財政諮問会議と産業競争力会議の合同会議で、長谷川氏は新たな労働時間制度の私案を提出した。

「個人と企業の成長のための働き方」と題する長谷川ペーパーでは、労働時間規制を適用しない、つまり「残業代ゼロ」となる働き方として、二つのタイプを提案していた。一つが、「労働時間上限要件型」で、国が労働時間の基準を示した上で労使合意があれば一般の社員も対象となる。もう一つが、「高収入・ハイパフォーマー型」で、高度な職業能力を有し、自律的かつ創造的に働きたい年収一千万円以上の社員を対象とする。

一般社員も「残業代ゼロ」になりうる――。世論の反発で頓挫した日本版ホワイトカラー・エグゼンプションよりも対象が広がりかねない提案は物議を醸す。

二十二日の会議で、長谷川氏は「グローバルに通用する働き方への改革を示すものであるが、長時間労働を助長するような趣旨ではなく、むしろ効率的で柔軟な働き方を提案するものである」と説明。労使合意があれば一般社員も対象とすることには、「職種というか労使で話し合いをして、労使自治で大枠を決め、対象に入るか入らないかは、本人の希望という形を提案している。強制的にこの職種に属する人は全部対象にするとか、そういう形では提案していない」と懸念を払拭した。

「私は理解できない」。臨時委員として出席していた田村憲久厚労相は、長谷川ペーパーに、あからさまに不快感を示した。「労使の立場は使用者側の方が基本的に強い」「ワーク・ライフ・バランスを崩してしまうような働き方になる可能性もある」と否定的な発言に終始した。

長谷川ペーパーが明らかになると、マスコミからも「立場の弱い社員はどこまで自己主張できるのだろうか」「収入が低い働き手も巻き込みかねない乱暴な提案だ」と批判が相次いだ。

すぐに軌道修正に動く。五月二十八日の産業競争力会議に示された改訂版の長谷川ペーパーには、「労働時間上限要件型」が削られていた。対象を「高収入・ハイパフォーマー型」に一本化。配付資料には、わざわざ「全ての労働者が対象ではなく、限定された労働者に導入」との文言が明記された。

長谷川氏は会議で「あたかも全社員が対象となるような報道も散見されるが、あくまで限定された労働者を想定されたものである」と反論した上で、「経験が豊富で実績のある裁量度の高い労働者を対象としており、イメージ的には全体の一割にも満たないのではないか」と強調してみせた。

会議に同席した安倍首相も火消しを図る。「労働時間制度の新たな選択肢については、「長時間労働を強いられる」あるいは「残業代がなくなって賃金が下がる」といった誤解もあるが、そのようなことは絶対にあってはならない」と述べた。

†もとは八代私案

長谷川ペーパーには原案がある。産業競争力会議の審議をさかのぼると、「残業代ゼロ制度」の源流にたどり着くことができる。

二〇一三年十月十七日の雇用・人材分科会で、労働分野の専門家として招かれた八代尚宏・国際基督教大学客員教授が、雇用改革の私案を述べた。八代教授は、第一次安倍政権で、経済財政諮問会議の委員として、当時の労働市場改革に関わった経験を持つ。八代教授は、分科会に参加した経緯について、「長谷川氏がアドバイザーを必要としているということで、産業競争力会議の事務局から要請があった」と明かす。

八代教授は、「世界でトップレベルの雇用環境・働き方」を目指して」と題するペーパーを示し、労働時間規制改革のたたき台として、持論である新たな裁量労働制の導入を訴えた。新制度についてペーパーには、「専門的業務・高年収で、労働者が自らの判断で労働時間を決められる裁量性の高い自己管理型職種について、深夜・休日労働の長さに関わらず定額の残業手当を支給する真の裁量労働制とする。同時に、その対象者については、健康管理のために、年間に104日の「強制休日」を使用者に義務付ける必要がある」とした。

専門的業務で高年収の労働者を条件とする「残業代ゼロ制度」の骨格部分は、このときにすでに示されていたのである。この日の分科会では、後に制度対象の要件とされた「一千万円」という年収水準も、八代教授の口から初めて提案された。

一千万円という年収を持ち出した理由を尋ねると、八代教授は「前回のホワイトカラー・エグゼンプションの際に、一部で四百万円という案が批判された経験から、「例えば」という意味で一千万円という数字を出した」と語っている。

長谷川氏は次の十一月十一日に開かれた分科会で、「八代教授の提出資料を踏まえ、整理・作成したもの」と但し書きした資料を配布。続く十二月十日の分科会に、長谷川氏は「日本型新裁量労働制」という、いわゆる「残業代ゼロ制度」の原型となる案を示した。

そこには、「労働者が自らの判断で労働時間を決められる専門性の高い自己管理型職種で、例えば、年収1000万円を超えるような企業との交渉力も大きい高所得専門職について、早急に先行的な導入を図る」と、八代私案を踏襲した文言が並んでいた。約半年後、これが長谷川ペーパーへと形を変えるのである。

†厚労省にトラウマ

厚労省からすれば、いざ法案提出となって政治家に梯子を外されたようなものだろう。八年前の日本版ホワイトカラー・エグゼンプションの頓挫は、厚労省にとって大きなトラウマを残した。

二〇一四年十二月十日の産業競争力会議の雇用・人材分科会。厚労省が提出したペーパーには、「日本版ホワイトカラー・エグゼンプションが前回労働基準法改正時に国民の理解を得られず、法制化が見送られた経緯があることを踏まえた対応が必要」と労働時間規制の見直しに後ろ向きの言葉が並んだ。

萎縮する厚労省に、民間委員として出席した榊原会長は「過度に見直しに慎重にならないように検討していただきたい」と苦言を呈した。長谷川氏も「その内容では世界トップレベルの雇用環境・働き方には到底届かない」と続いた。司会を務めた小泉進次郎・内閣政務官も「この産業競争力会議は、できない理由を聞くための会ではない」と厚労省に再考を求めるほどだった。

有識者として産業競争力会議の分科会で半年近く審議にかかわった八代教授は、「厚労省も規制緩和の必要性は感じていただろうが、また世論に「残業代ゼロ法案」と批判されるのが嫌で、裁量労働制の見直しでお茶を濁そうとしていた」と明かす。

†折れた厚労省

長谷川ペーパーの修正案が示された二〇一四年五月二十八日の産業競争力会議。厚労省からもA４で七ページからなる資料が配布された。

資料には総合的な労働時間制度の検討として、「成果で評価できる世界レベルの高度専門職「時間ではなく成果で評価できる仕事」に関する労働時間制度の構築を検討」との一文が記されていた。これまで労働時間の規制を外す新制度に慎重だった厚労省が、ついに折れた。

ただし、できるだけ対象を絞りたい厚労省は、年収数千万円の為替ディーラーのようなスーパーエリートを念頭に置いていた。この日の会議では、民間議員の榊原氏から「世界レベルの本当に一握りの人だけに通用しても意味がない」と異論も挙がった。年収一千万円以上の専門職を想定する民間委員と厚労省との溝は深かった。

成長戦略第二弾の目玉として、労働時間の規制緩和を盛り込みたい安倍首相。会議の最後に意見を求められると、「日本人の意欲と能力を最大限に引き出すことができるかどうかに、成長戦略の成否がかかっている。成果で評価される自由な働き方にふさわしい、労働時間制度の新たな選択肢を示す必要がある」と、残業代ゼロ制度の導入を強く迫った。

最後は政治決着だった。翌月の十一日、菅義偉《よしひで》官房長官、甘利明経済・再生担当相、田村厚労相、稲田朋美規制改革担当相の四閣僚が協議し、労働時間の規制を外す新制度の対象を長谷川ペーパーをベースにした「少なくとも年収一千万円以上」「高度な職業能力を持つ労働者」とすることで合意した。

†「壁、突き抜けた」

五日後の六月十六日、安倍首相は第二弾となる新成長戦略の素案を発表した。素案には、目玉施策である「残業代ゼロ制度」導入も盛り込まれた。「挑戦することすらタブー視されていた壁、乗り越えられなかった壁を突き抜けるような政策を盛り込めた」と胸を張った安倍首相。八年越しの悲願が大きく前進したことに、首相の顔には充実の色が浮かんでいた。

二十四日に閣議決定した新成長戦略では、労働時間の規制緩和について「時間ではなく

2014年６月16日、新成長戦略の素案を発表する安倍首相（写真提供：時事通信）

成果で評価される働き方を希望する働き手のニーズに応えるため、一定の年収要件（例えば少なくとも年収一千万円以上）を満たし、職務の範囲が明確で高度な職業能力を持つ労働者を対象として、健康確保や仕事と生活の調和を図りつつ、労働時間の長さと賃金のリンクを切り離す「新たな労働時間制度」を創設する」とされた。

政府は、成長戦略の中で「労働政策審議会で検討し、結論を得た上で、次期通常国会を目途に所要の法的措置を講ずる」と定め、二〇一五年の通常国会での法改正を指示した。二〇一六年四月施行という「導入ありき」で、労働時間規制の論議の舞台は厚労省の審議会に移った。

†議論は平行線

働く人の健康確保を重んじる労働者代表委員と、グローバル化の中で競争力を高めたい経営者代表委員。厚労省の労政審での議論はスタートから平行線をたどった。

二〇一四年九月から二〇一五年二月まで、労政審の労働条件分科会の議事録から繙《ひもと》いてみたい。

まずは、二〇一四年九月十日の分科会。

労働者代表委員の新谷信幸・連合総合労働局長は、「現在は労働時間の量的上限規制が設けられていません。そんな中で「新たな労働時間制度」が導入されると、労働者を保護するためのルールが全部適用除外とされてしまうということであるから、そのような中で成果だけ求められるということになると、長時間労働に歯止めがかからなくなってしまう懸念がある」と制度導入に疑問を呈した。

これに対し、使用者代表委員の平岡真一・日立製作所人材統括本部人事勤労本部担当本部長は「日本の企業がやはりこれからグローバルに勝っていくことが必要だと思っているが、日本の企業が勝っていくのは人の力で勝っていくのだと思う。そういった意味で、人材の生産性を高めていくというのは必須だ。……（中略）……一つの取り組みとして、労働時間を含めた働き方の柔軟化は大変有効ではないかと考えている」と制度の意義を強調。労働時間の規制緩和によって「効率が上がって、結果として総労働時間が短くなるということは十分に考えられる」とし、「働き方の柔軟化と健康確保、ワーク・ライフ・バランスの向上は二律背反するものではなくて、その二つが有機的に結合してお互いを高め合っていくべきものだ」と応じた。

さらに平岡委員は、近年問題となっている労働者に過酷な労働を強いる「ブラック企業」の存在に触れ、「そういった一部の実態のみを重く捉えて、日本経済全体の変化にストップをかけていくというのは大きな損失になりかねないと危惧する」と規制強化に異を唱えた。

国際競争を戦えないとする経営側に、労働者代表委員の高松伸幸・運輸労連副執行委員長が反論した。

「識者の中には「経済がグローバル化したのであれば、労働規制もグローバル化すべき」と言われる方もいたと思う。しかし、グローバル化ということであれば、今の我が国の労働時間が長時間となっている実態、この辺をまずは国際標準レベルにまで短縮をする。そのことこそ真のグローバル化ではないのか」

二〇一四年十二月二十四日の労政審分科会では、使用者代表委員の鈴木重也・経団連労働法制本部主幹は、「現行法上は、それほど時間外労働を行わずに成果を上げた社員よりも、長く時間外をされた社員のほうが年収が多くなり得るということもあって、処遇の不公平感が払拭できないという面があるのではないかという問題意識を持っている」と主張した。これに対し、新谷委員は「労働時間の規制ではなく、規制を強化するということを議論すべきだ」と反論。長時間労働の抑制について「使用者側が再三おっしゃっていた労使の話し合いによる自主的取り組みでは不十分であり、実効性のある法規制によって担保されるべきだ」と訴えた。

†成果で評価

「残業代ゼロ制度」について、安倍首相は「働いた時間ではなく成果に応じて評価する働き方である」と導入の意義を強調する。成果をめぐっても労使の隔たりは大きい。

二〇一四年九月十日の労政審の分科会で、使用者代表委員の田中恭代・旭化成アミダス社長は「時間外を助長するのではないかという御心配がある一方で、短い時間でも成果を出していることについて、よりそこをフォーカスして評価してほしいという声があるのも事実」と訴えた。

これに対し、労働者代表の高松委員は「短時間で一定の成果を出した方については、現行制度でも十分に評価することはできると思う。それにもかかわらず、この「新しい労働時間制度」を導入しないと評価できないといった論理がどうしても理解できない」と疑問を呈した。新谷委員も「「新たな労働時間制度」を導入する目的とは時間外手当を削減することにあるのではないか、というふうにしか思えない」と訴えた。

使用者代表委員の秋田進・日本通運総務労働部長は「日本の大体の企業でいけば、年に一度、人事評価があることになっている。……（中略）……一年先に上がるから君、頑張ってくれということでは意欲とかそういうニーズに応えられないというような労働者もいる。そういうニーズに応えるための選択肢として、もっとダイレクトに成果に反映するような制度があってもいいのではないのか」と主張した。

†年収一千七十五万円の根拠

「なぜ高い年収であれば、労働時間の規制を緩めることになるのか、労働者の健康と命を守る規制が、なぜ年収一千七十五万円以上であると緩むことになるのかという根本的な疑問に対する合理的で明確な答えを、いまだに誰からもいただいていません」

二〇一五年二月十三日の労政審労働条件分科会。労働時間規制緩和をめぐって報告書を取りまとめる最終審議になっても、労働者側から年収要件として一千七十五万円という金額への疑問の声が上がった。

二〇一四年九月以降、労政審では、たびたび労働者側から一千七十五万円の根拠を尋ねる質問が上がった。厚労省の担当者は「自らの労働条件を決めるに当たって使用者側と交渉できる年収の人」との説明を繰り返した。

交渉力という理由にも、労働者側は納得しない。

労政審労働条件分科会では、労働者代表の委員から「根拠がないにもかかわらず、不明確なままに新たな労働時間制度を労働時間法制の中に入れた場合、現行も起きている過労死などの問題が起きないと言い切れるのか」「年収要件の根拠が閣議決定にあると言われてしまえば、いったん決められた年収要件は簡単にどんどん下げられてしまう」などと意見が相次いだ。

†七十五万円の差

産業競争力会議では一千万円の根拠が十分に語られないまま、二〇一四年六月に閣議決定された「新たな労働時間制度」には、「少なくとも一千万円以上」という年収要件の目安が示された。世論の反発を受けた七年前の日本版ホワイトカラー・エグゼンプションの年収要件「九百万円」を下回らない数字ということで、一千万円に落ち着いたという見方が一般的だ。

「一千万円以上」とされていた年収要件の目安は、最終的には「一千七十五万円以上」との表記に変わった。たかが七十五万円の違いだが、この変更に年収要件の根拠の曖昧さが見て取れる。

「一千七十五万円」という数字が登場するのは、労政審に議論の場が移ってからだ。

二〇一四年十一月十七日の労政審の分科会で、厚労省の村山誠労働条件政策課長は「労働基準法の契約関係の下位法令にも、交渉力という観点から、ある程度年収ということも総合的に考慮する要件設定もありますが、そういう複数の要件の一つとして、年収要件があり得るのではないかと考えております」と説明。高度な専門職に限り有期労働契約の上限を三年から五年に延長できる労働基準法一四条の特例で、「一千七十五万円」という年収要件を設けていることを持ち出してきた。

二カ月後の分科会に示された厚労省の原案には、年収要件について「労働基準法第一四条に基づく告示の内容（一千七十五万円）を参考に」と明記された。

産業競争力会議の議事録を読み返しても、一千万円の根拠に労基法一四条の規定が持ち出された記述は見当たらない。厚労省労働条件政策課に「労基法一四条は後付けの理由では？」と尋ねると、次のような答えが返ってきた。

「閣議決定で課せられた一千万円という課題を考えたとき、同じような労使の交渉力という観点から年収要件を設けていた労基法一四条を参考とした。時系列で見れば後付けのようだが、それだけ閣議決定の内容は重い」

†導入ありき

労政審での審議は半年ほど。最後まで労使間の意見は嚙み合わず、労働者側の反対を押し切るかたちで審議を終えた。

審議会から厚労相に提出された報告書では、「残業代ゼロ制度」について、使用者代表委員と労働者代表委員の意見が併記された。使用者代表委員は「労働者の一層の能力発揮と生産性の向上を通じた企業の競争力とわが国経済の持続的発展に繋がることが期待でき、幅広い労働者が対象となることが望ましい」。労働者代表委員は「すでに柔軟な働き方が可能とする他の制度が存在し、現行制度のもとでも成果と報酬を連動させることは十分可能であり現に実施されていること及び長時間労働となるおそれがあること等から新たな制度の創設は認められない」と記載された。

二〇一五年の通常国会の審議を経て、残業代ゼロ制度に絡む労基法が改正される予定だ。ただ法律は大枠を定めるだけ。法案には、年収の要件について「平均給与の三倍の額を相当程度上回る水準」、対象業種について「高度の専門的知識を必要とする業務」との表現にとどまる。具体的な基準は、国会の審議が必要ない省令で定めることになっている。法改正の成立後に改めて労政審で審議し、施行するまでに厚労相が決定する。

省令で定める理由について、労政審分科会で村山労働条件政策課長は「急激な経済状況等の変化の中で、機動的に対応しなければならない場合、具体的な数字が法律で規定されていることがいいのかどうかということについては、さまざまな御議論があると思います」と答えている。厚労省労働条件政策課の担当者は「労基法は最低基準を定めているという性格上、法律で大まかな範囲は示しつつも、個別具体的に列挙していない。職種や年収は変動する可能性があり、その都度、法改正するのはそぐわない」と取材に答えている。

省令の中身次第では制度が骨抜きにもなりかねない。法改正が成立しても、終わりではない。その後の労政審での議論は制度の実効性を左右する重要な意味を持っている。

†誰が望んでいるのか

「時間ではなく成果で評価される働き方を希望する労働者のニーズに応え、その意欲や能力を十分に発揮できるようにするため」

労基法改正に当たり、労政審がまとめた報告書には、高度プロフェッショナル制度、つまり残業代ゼロ制度の導入の狙いを、こう明記している。

では、誰が「時間ではなく成果で評価されたい」と望んでいるのか。その「誰」を探そうと、国会や労政審、産業競争力会議の議事録をひっくり返してみた。しかし、経営者側のニーズはあっても、働く側の人たちからのニーズは、なかなか見当たらない。

労政審の審議の中で盛んに「労使のニーズ」を主張していた使用者代表委員の鈴木重也・経団連労働法制本部主幹に、「労働者からのニーズがある」という根拠を尋ねた。「経団連では働いている人たちに直接アンケートを取ったわけではないが、会員企業の人事担当者にヒアリングしたりしている。新聞報道のアンケートや厚労省の調査などからも一定のニーズがあると判断している」と説明した。

鈴木氏が根拠に挙げた厚労省の調査とは、二〇一三年に独立行政法人「労働政策研究・研修機構」（東京）が行った「裁量労働制に関するアンケート調査」だ。この調査の中で、本社で企画や立案を担うような企画業務型裁量労働制で働く人たちに、制度の対象の範囲について尋ねている。つまり、労働時間の規制を緩和した裁量労働制の対象をさらに拡大してほしいかどうかの質問だ。「制度の対象となる業務が狭い」と答えたのは、七・二％しかいなかった。逆に「現行制度のままでよい」と答えたのは、六七・一％に上った。むしろ、「労働者のニーズ」に疑問符が付くようなデータだ。

労政審での審議が山場を迎えていた二〇一四年十〜十一月、連合が一般社員三千人に行った調査でも、労働時間の規制を緩和する制度を支持したのは一一・二％。残業代ゼロ制度が導入された場合、積極的に利用したいと答えた人の割合は一九・八％にとどまった。

鈴木氏に「もっと労働時間の規制緩和を広げてほしいという労働者が七％しかいないのにニーズがあると言えるのですか」と尋ねてみた。返ってきた答えは、「潜在的なニーズはあると思います」。

本当に労働者は残業代ゼロ制度の導入を望んでいるのだろうか。

†一筋縄ではない人事評価

政府や経営者たちは労働時間の規制を外せば、「働いた時間ではなく成果に応じた働き方ができる」と説明する。では現状、成果に応じた働き方はできないのか。

そうではない。既に多くの企業で、程度の差はあれ成果主義を取り入れた賃金体系になっている。ただ今の制度では、残業すればその分だけ残業代を支払わなければならず、働いた時間によって賃金が変わる要素も一部あるということだ。

ただし、仕事の成果を評価することは簡単ではない。賃金制度に成果主義を取り入れている企業の多くで課題を抱えており、いまだ発展途上と言ってもいい。

厚労省の就労条件総合調査によると、仕事の成果を賃金に反映した業績評価制度を導入している企業は二〇一二年で三六・三％を占める。

バブル崩壊後の一九九〇年代後半、勤続年数に応じた年功序列の賃金制度に代わって成果主義がもてはやされるようになった。景気低迷を背景に人件費削減の手段として導入する企業が増え、二〇〇四年には六二・八％まで広がった。しかし、人事評価への不満から士気の低下やメンタル不調を招くなどして、導入企業の割合は下落傾向にある。

二〇一〇年の調査では、導入企業の半分が「問題点がある」と回答している。問題点として、「評価によって勤労意欲の低下を招く」や「評価結果に本人の納得が得られない」ことなどを挙げている。評価の仕方についても八〇％超で「課題がある」と答えている。具体的には「部門間の評価基準の調整が難しい」や「評価する側の教育が十分にできない」「評価に手間がかかる」などとしている。

こうした成果主義の弊害は、厚労省の二〇〇八年版の「労働経済白書」でも指摘されている。白書では、「賃金コストの抑制に傾斜した賃金制度の見直しについては、企業側の反省が求められる」「賃金制度の見直しに傾きすぎた人事・労務制度の見直しが、労働者の働きがいを低下させてしまった」と分析している。

†残業するほど好評価

経済界は、「残業すれば、その分、通常よりも上乗せした賃金を支払わなければならないので、残業もせずに短時間で成果を出した人より、長く残業して成果を出した人のほうが、高い賃金をもらうことになり、不公平だ」と主張する。しかし、個々の会社が短時間で成果を出した人を評価する賃金体系にすれば不公平は解消する。法律を変えないと、成果に応じた働き方ができないわけではないはずだ。

実際に日本の企業は、どこまで短時間で成果を上げた人を評価できているのだろうか。

内閣府が二〇一四年五月に発表した「ワーク・ライフ・バランスに関する個人・企業調査」からは、むしろ長時間働く人を評価しがちな傾向がうかがえる。

二十〜五十代の正社員二千五百三十七人に職場の上司が残業をしている人にどのようなイメージを持っているかを尋ねたところ、労働時間が長い人ほど「残業している人は頑張っている」と上司がプラス評価していると考えていた。一日十二時間以上働いている人で、その割合は五二・五％を占めた。有休の取得についても、取得率が低い人ほど、有休を取れば「仕事より自分の予定を優先する」と上司がマイナス評価すると考えていた。

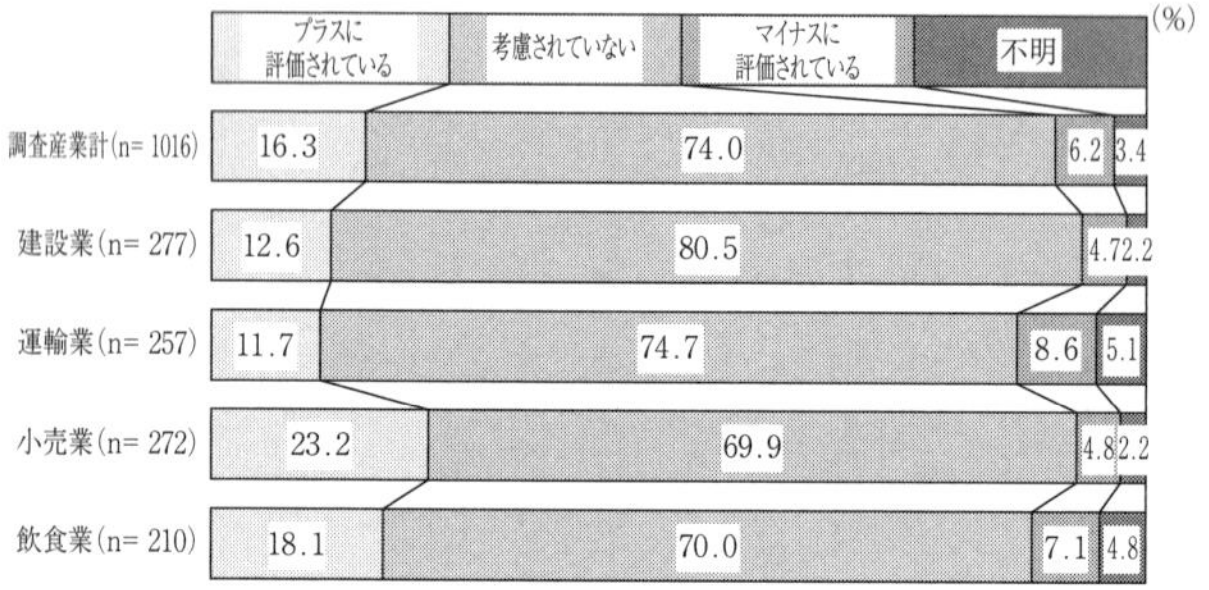

出所）2014年の内閣府の「ワーク・ライフ・バランスに関する個人・企業調査」

図表3　時間内に仕事を終えて帰宅する社員への人事評価

この調査では、部下が想定する上司の評価基準とは別に、会社側の評価基準も尋ねている。

比較的労働時間が長い建設業、運輸業、小売業、飲食業の四業種の企業一千十六社から回答を得た。残業や休日出勤をほとんどせず、時間内に仕事を終えて帰宅する社員に対する人事評価を各社に尋ねたところ、プラス評価している企業は一六・三%に過ぎなかった。七四・〇%は考慮もしていなかった。むしろマイナス評価という企業が六・二%あった。

残業もせずに短時間で効率よく仕事を終えても、会社は評価しないどころかマイナス評価にもしかねない。職場で働く人たちも長時間働くほど上司の評価が高いと思っている。これでは、いくら政府が残業を止めましょうと言っても改善するはずがない。

事実、この調査で、残業削減に効果的と思っているのに実際にはできていない取り組みとして最も多かったのは、「短時間で質の高い仕事をすることを評価する」だった。

「残業代ゼロ制度」の導入の意義について、安倍首相らは「働いた時間ではなく成果で評価しやすくなるので、短時間で成果を出せば早く帰宅することもでき、ワーク・ライフ・バランスにも寄与する」と主張している。しかし、前述の調査を見る限り、現実の職場では、短時間で仕事をこなしても高く評価されている人は一握りしかいない。効率よく仕事をこなす人を評価するような職場風土に生まれ変わらない限り、ワーク・ライフ・バランスは夢のまた夢だ。

†「残業代ゼロ」って本当?

「残業代ゼロ制度」というネーミングに、「法案を潰すための詭弁だ」との指摘もある。

冒頭でも触れたが、労働時間の規制の対象から外すということは、一日八時間を超えて働かせても、つまり残業させても、使用者は通常より割り増しした賃金（残業代）を支払う義務を負わなくてもいいということだ。純粋に法律を解釈すれば、「残業代がゼロになる制度」と言い換えてもおかしくはない。

「詭弁」と指摘する人たちの論拠は、安倍首相が制度導入にあたり明言した「制度を適用しても賃金が下がらないようにする」との約束事だ。制度の適用者には残業代分を「込み」にした賃金を支払うようにする考えで、法改正に当たり労政審が厚労相に提出した報告書にも「制度の対象となることによって賃金が減らないよう、法定指針に明記することが適当である」と示している。つまり、「今までもらっていた残業代と同程度の賃金が約束されているのに、残業代ゼロというのは乱暴だ」というのが反論の趣旨になっている。

ただ、残業代を「込み」にした賃金を決めるのは簡単ではない。業種や地位によって残業代は異なる。同じ人でも繁閑の時期によって残業時間は異なる。さまざまな条件が異なる中で、どうやって国が一定の基準を定めるのか。厚労省によると、法改正後、労政審で審議し、賃金が減らないようにするためのガイドラインを定めるという。各企業は、厚労省の指針を元に労使で具体的に賃金を決めることになるだろうが、明確に線引きできないだけに、使用者の恣意的な運用を招く余地は残る。

†「小さく産んで大きく育てる」

「一千万円というのがアリの一穴になるのではないか」。二〇一四年六月十六日、衆議院決算行政監視委員会で、民主党の山井和則《やまのい》議員は、安倍首相に対し、なし崩し的な適用拡大の可能性を問いただした。

「現時点では一千万円が目安」「今の段階で八百万円、六百万円、四百万円の方々は入らないのは明確」と繰り返す安倍首相。山井議員の執拗な追及にも、将来の適用拡大については「賃金水準、物価動向というものを勘案しながら決まっていくと思う」として明言を避けた。

引き合いに出されるのが、対象業種を徐々に拡大してきた派遣労働者のケースだ。経済界の強い要請で、例外的に臨時の場合として一九八五年、十六業種に限って認められたところが、九六年には通訳や秘書など二十六業種にまで拡大。九九年の法改正で原則自由化された。二〇〇三年には二十六業種の派遣期間の上限を撤廃し、それ以外の業種は派遣期間を一年から三年に引き延ばした。加えて、製造ラインへの派遣まで解禁したことで、男性労働者にも派遣労働が一気に広がった。

そして今、派遣労働の規制がさらに緩和されようとしている。二〇一五年の通常国会に、労働者派遣法の改正案が提出された。改正案が成立すると、二十六業種以外でも派遣労働者を三年以内で入れ替えれば、その仕事をずっと派遣に任せられるようになる。「派遣は例外」という原則を根本から覆す見直しだ。この派遣法の改正も、経団連が政府に要望していたもので、安倍政権の規制改革の一つとして検討されてきた。

†適用拡大求める経済界

二〇一五年四月三日、労基法改正案が閣議で決定されると、政府の産業競争力会議のメンバーでもある経団連会長の榊原定征・東レ会長は、「実効性があるものにするには、年収要件を緩和し、対象職種も広げないといけない」と語った。榊原会長は、これまでも会議などで「少なくとも全労働者の一〇%は適用を受けるような対象職種を広げた制度にしてほしい」と対象拡大を訴えてきた。

現在、想定されている年収要件の一千七十五万円以上の給与取得者は、二〇一二年の民間給与実態統計調査によると、国内で約百七十二万人おり、全体の三・八%にとどまる。さらに、この中から高度な専門職種に限ると、対象者はさらに絞られる。

第一次安倍政権時代、ホワイトカラー・エグゼンプションの導入を要望していた経団連は、管理職の一歩手前の年収四百万円以上の労働者を対象に求めていた。第二次安倍政権でも、産業競争力会議で民間委員の長谷川氏から提案された当初案には、一般の労働者でも労使合意があれば対象に含めるとしていた。

今回の労働規制改革の審議にかかわった八代教授は「元々、職種要件が主で、年収要件が従であったはずが、最終的に逆転してしまった。とりあえず、まず制度を作ってみたということだろう」と評価は低い。「小さく産んで大きく育てるしかない。少なくとも管理職一歩手前の年収八百万円程度まで対象を広げるべきだ」と説く。

対象が狭められた背景としては、「経営者のための制度だという発想から抜けきれず、八年前のように労使対立として捉えられた。むしろ、この制度は長時間労働を是正するための第一歩で、労働者のための制度。そこがねじれている」と政策決定までのプロセスに苦言を呈する。

年収や職種といった具体的な要件を決めるのに国会の審議は必要ない。そのため、いったん決まった要件を変更するのもハードルが低い。「小さく産んで大きく育てよう」と本音をむき出しにする経済界に、労働界は警戒を深めている。そんなとき、不安をあおるような出来事が起こった。

†波紋を呼んだ塩崎発言

「経団連が早速一千七十五万円を下げるんだと言ったもんだから、まああれでまた質問が無茶苦茶来ましたよ。ですから皆さん、それはぐっと我慢していただいてですね、とりあえず（法案を）通すことだと言って、合意してくれると大変ありがたい」

労基法改正案が国会に提出されて二週間ほどたった二〇一五年四月二十日のことだ。塩崎厚労相は、東京都内で開かれた会合に招かれ、このように発言した。この会合はシンクタンク「日本経済研究センター」が企画した朝食会で、会員企業の社長らが顔をそろえていた。塩崎厚労相は、社会保障をテーマに講演した際、「経済界の方が中心だったので」（国会答弁）と最後に残業代ゼロ制度についても触れたという。

関係者が講演を録音したテープを聞いてみると、塩崎厚労相は「高度プロフェッショナル制度は、一千万円以上もらっている人って、実は働いている人の四%くらいしかないんですね」と対象が狭いことを説明した上で、「ものすごく少ないところでスタートするんですけど、我々としては小さく産んで大きく育てるという発想を変えて、……（中略）……健康はちゃんと守って、だけどむしろクリエイティビティを重んじる働き方をやってもらうということで、とりあえず入っていくので」と理解を求めていた。

すぐに塩崎厚労相の発言は波紋を呼んだ。

「経済界の方々が一千七十五万円は少なすぎると言えば、法案審議に差し障りがある。法案が通ってからは広げるから、法案が通るまでは静かにしておいてくれ、という趣旨なんじゃないですか」。講演から四日後の衆院厚生労働委員会で、民主党の山井衆院議員がかみついた。

塩崎厚労相は「国会でいろいろご意見もあるので、なるべく見守ってほしいという意味合いで申し上げた」と答弁。「むしろ小さく産んで大きく育てろと言っている経済界の方がおられることは、非常に迷惑な話」とまで語り、「年収要件の変更はまったく考えていない」と批判の払拭に躍起となった。

第一次安倍政権で官房長官だった塩崎厚労相。世論の反発を受け、日本版ホワイトカラー・エグゼンプションが頓挫した八年前の失敗を忘れてはいないだろう。規制緩和に前のめりになっている経済界をなだめようとして裏目に出た格好となった。

†危うい健康確保措置

日本版ホワイトカラー・エグゼンプションが「過労死促進法案」などと批判を浴びて導入を断念した八年前の経験は、安倍首相にとっては痛恨の極みだろう。

だからこそ前回の轍は踏まないとの決意は相当なものだろう。今回、労働時間の規制緩和をめぐる議論の場でも、安倍首相が真っ先に口にするのは、働き過ぎの防止だった。ただ、高度プロフェッショナル制度と名称を変えても、「長時間労働を助長する」との批判は今回も鳴り止まない。

政府は、高度プロフェッショナル制度、つまり残業代ゼロ制度の導入にあたり、導入企業に対し、働き過ぎを防止する措置を義務付けている。国会に提出された労基法改正案に盛り込まれている健康確保措置は以下のようなものだ。

①　ＥＵで導入されているような終業から次の始業までの間に一定の休息時間を設けるインターバル制度の実施や、深夜勤務の回数制限

②　休憩時間を含む在社時間（社外で働いた時間も含む）に上限を設ける

③ 割増賃金（休日は三五％）さえ支払えば何日でも休日労働できることになっている現行制度を改め、年間百四日の休日を義務づける

ただし、上記の三つとも実施しなければならないわけではない。高度プロフェッショナル制度を採用する企業は、三つのうちから一つを選択すればいい。③の年百四日の休日は、週休二日程度でしかない。週二日の休みさえ与えれば、「柔軟な働き方ができない」と経営者たちが嫌う労働時間の上限規制もインターバル制度も免れることができるのだ。

かつ、②の在社時間の上限時間や、③の一定の休息時間は、法改正後、労政審で審議した上で、厚労相が省令で具体的に定めることになっている。仮に企業が上限規制やインターバル制度を選んだとしても、省令で容易に達成可能な低い時間に設定されれば、健康確保措置が骨抜きになりかねない。

実は、③の百四日の休日の取得は、第一次安倍政権で検討されたホワイトカラー・エグゼンプションのときにも対象者に義務付けようとしていたものだ。このときは罰則付きの制度が検討されていた。今回は、直接的な罰則はない。むしろ健康確保の点で後退した印象だが、厚労省労働条件政策課の担当者は「前回に比べ、様々な健康確保措置を設け、パ

ッケージを厚くしている」と答える。

労働時間の上限規制やインターバル制度は、これまで労政審で労働者代表が、長時間労働を改善するために、すべての労働者に課すように求めていた対策だ。労政審では経済界代表の民間委員の抵抗に遭い、最終的には「労使のコンセンサスが得られていない」として、高度プロフェッショナル制度の対象者だけに絞られた。

二〇一五年一月二十九日の労政審労働条件分科会で、労働者代表の新谷委員はEUの週四十八時間という労働時間の上限規制と比較し、「世界トップレベルの労働環境を目指していくべきところ、我が国は時間外労働を青天井で放置したままに二十一世紀を迎えてしまっており、今、また新しいテーマとしてワーク・ライフ・バランスということも非常に重要なテーマになっている中で、その対策への踏み込みが全く不足していると言わざるを得ない」と訴えた。

†ワーク・ライフ・バランスにつながるのか？

「効率的に成果を上げれば、早く仕事を終わらせられる」。政府の産業競争力会議で、経済界の民間議員が、労働時間規制を外す意義を強調した。

本当なのだろうか？

既に導入されている、労働時間の規制を一部撤廃した裁量労働制という働き方で検証してみよう。労働政策研究・研修機構が二〇一三年、裁量労働制で働く人たちを対象に調査している。

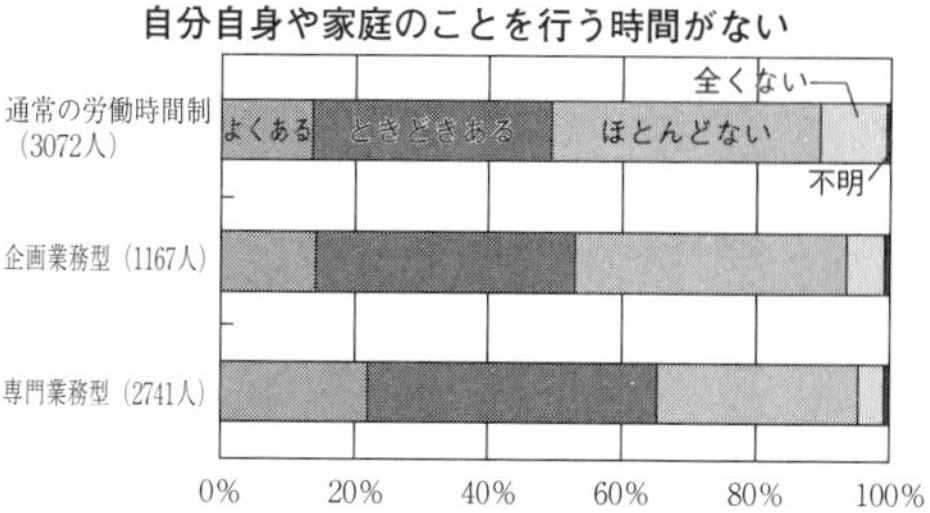

出所）労働政策研究・研修機構調べ、2013年

図表4　裁量労働制になれば自分自身や家族のことを行う時間がない

この調査の中で、仕事による家庭生活への影響を尋ねている。「自分自身や家庭のことを行う時間がない」との問いには、「よくある」「ときどきある」と答えた人は合わせて、専門業務型で六〇％超、企画業務型でも五〇％超に上った。労働時間に応じて働く通常の働き方よりも上回っていた。「仕事に熱中して時間を忘れてしまう」「仕事に区切りをつけられない」という人も、通常の働き方より裁量労働制で働く人のほうが高い割合を示していた。

実際の労働時間も裁量労働制で働く人のほうが長かった。月二百時間以上働いている人が通常の働き方では三

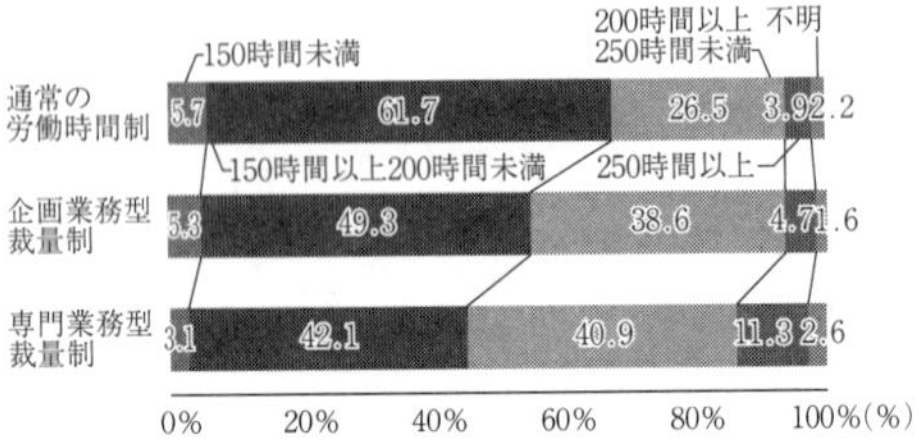

出所）労働政策研究・研修機構、2013年調査。6980人回答

図表5　1カ月の労働時間の比較

〇%だったのに対し、企画業務型では四三%、専門業務型では五二%を占めた。

裁量労働制の働き方は、働き過ぎを助長し、ワーク・ライフ・バランスが向上するどころか、むしろ悪化する結果を招いていた。

そもそも一日八時間以上働けば残業代を支払うという労働時間の規制は、使用者が労働者を働かせ過ぎるのを防ぐための措置であって、労働者が自分のペースで自由に働くのを阻む目的でつくられたものではない。政府や経済界の主張からは、労働時間規制というものが労働者の命や健康を守るものだという視点がうかがえない。

†米国がモデル

第一次安倍政権で検討していた「日本版ホワイトカラー・エグゼンプション」は、米国をモデルにしたものだ。二〇〇五年三月に閣議決定した政府の「規制改革・民間開放推進三カ年計画」には、「アメリカのホワイトカラー・エグゼンプション制度を参考にしつつ、裁量性の高い業務に従事する者を、労働時間規制の適用から除外することを検討する」と明記している。

米国では、労働時間の上限規制はない。週四十時間を超えて働かせた場合、通常の五〇%以上割り増しした賃金を払うことを義務づけているだけだ。ホワイトカラー・エグゼンプションで働く人は、この割増賃金を払うというルールから除外される例外規定だ。

高度プロフェッショナル制度のように年収と職種で対象を定めているが、日本の制度よりも広い。適用するのに届け出は必要なく、国のチェックもない。米国での歴史は古く、創設は一九三八年。その間、物価の変動に合わせて、年収要件を引き上げてきた。

年収要件といっても、二〇〇四に改正されるまで約三十年にわたり日本円で換算すると年収百~二百万円程度の低い設定だった。統計が残る最新の一九九九年調査によると、ホワイトカラー・エグゼンプションで働く人は、米国の全労働者の二割に当たる約二千五百万人に上っていた。そのうち六割は年収六百二十四万円以下で、年収三百万円以下という労働者も一割を占めていた。

†「名ばかりエグゼンプト」横行

日本で規制緩和の機運が盛り上がろうとしていた一九九〇年代半ばから、米国では、ホワイトカラー・エグゼンプションを拡大解釈し、不当に適用する「名ばかりエグゼンプト」訴訟が相次いだ。

一九九〇年代に入って米国では貧富の差が拡大し、階層の二層化が進んだ。「名ばかりエグゼンプト」訴訟の背景に、貧困化による不平等感への不満が社会に広がっていったことは無視できない。訴訟は労働者側が次々と勝訴。しかも、集団訴訟のため経営者側は高額な賠償を求められた。

危機感を抱いたのは経営者たちだった。経営者たちは要件緩和を政府に働きかけ、二〇〇四年のホワイトカラー・エグゼンプションの改正につながる。この改正は、労働者側の反発もあり、規制緩和と規制強化が入り交じる、まだら模様の改正となった。

緩和策としては、職種の要件をあいまいな表現にして法解釈の余地を残したことと、年収十万ドル（年収一千二百万円程度）以上は職種要件を問わないこと。強化策としては、年収要件を週給百五十五ドルから四百五十五ドル（年収三百万円前後）に引き上げたことだ。部下が二人以上いれば対象とするという規定が盛り込まれたことで、仕事の裁量がほとんどないファーストフードの副店長クラスにまで対象が広がった。職種の要件を緩和し、年収の要件を厳しくした改正だった。

米国の労働法制を担う米連邦労働省は「これでホワイトカラー・エグゼンプションの適用が広がることはない」としているが、労働組合などは「何百万人も増える」と懸念しており、改正による評価は分かれている。

†鼻で笑われる

労働時間規制の緩和をにらんだ労基法改正の論議が厚労省の審議会で佳境を迎えていた二〇一五年一月、日弁連は、先行する米国のホワイトカラー・エグゼンプションの実態を調べようと、現地調査を行った。

「労働時間の規制を除外することで労働時間が減り、生産性が上がっているのですか」。調査団は、政府や経済界が主張している規制緩和の効果を行く先々で米国の人たちにぶつけてみた。

調査団の一人、日本労働弁護団事務局長の菅俊治弁護士は「尋ねた人はみんな一瞬絶句し、失笑していましたよ。労働組合だけでなく、米連邦労働省の幹部までですよ」と明かした。そして、皆こう説明したという。「アメリカ人も長時間働いていますよ。労働時間の上限を決めない限り、生産性は上がりませんよ」

日弁連の調査団は、米連邦労働省のほか、労働組合、労働問題を扱う弁護士らにヒアリングを行った。官庁や法人にITネットワークインフラを卸している通信会社の男性会社員は、午前六時半には出勤し、仕事を終えるのは午後八時頃。一日十二時間は働く。男性会社員は、菅弁護士に「顧客の都合で左右され、納期に間に合わそうとすると休めない。業務量は自分でコントロールできない」と口にしたという。

前述の米国の一九九九年の調査からも労働時間の規制緩和が長時間労働を促す傾向が見てとれる。ホワイトカラー・エグゼンプションの適用を受けている人のうち、週の労働時間が四十時間以内は五六％なのに対し、適用を受けていない人は、八一％に上っていた。

ホワイトカラー・エグゼンプションを扱う米連邦労働省の賃金時間局長との面会では、「適用除外が多く、健康被害が起こっている」と米国の実情を聞かされた。米国では日本のような過労死の統計もなく、顕在化しにくい。不当に適用除外にされ、長時間働かされている労働者は少なくないという。

米国の弁護士からも同じような話を聞かされた。「突然死や健康を害する人はいるが、日本のような安全配慮義務違反として使用者の責任を問う争いにはなっていない」。米国の弁護士によると、二〇〇四年の改正後も訴訟は相次いでいるという。

米国では見直しの動き

米国は規制強化に動き出した。

米労働省は二〇一五年六月三十日、ホワイトカラー・エグゼンプションの見直し案を発表した。対象者の年収要件を二万三千六百六十ドル（約二百九十万円）から五万四百四十ドル（約六百十八万円）に引き上げる。今後、パブリックコメントの手続を経て、労働長官が決定する。

ロイターによると、オバマ大統領は「長時間働いているのに、それに見合う給与を受け取っていない人が多すぎる」と現行制度を批判。二〇一四年三月に労働長官に見直しを指示していた。

ホワイトカラー・エグゼンプションに似た制度は、時間規制の厳しいＥＵにも例外的に設けられている。米国のように労働規制がほとんどなかった英国がＥＵに加盟する際、いきなりＥＵの厳しい規制を守るのは難しいということで、ＥＵが英国のために時限措置として認めたものだ。

英国では「オプトアウト」と呼ばれている。「オプトアウト」は労使合意があれば、ＥＵの規定の週四十八時間という上限規制を超えて働かせられる制度である。年収や職種の制限もないため、労働者が使用者から同意を強要されるケースが問題となっており、これまで何度も廃止が取り沙汰されてきた。

米国の実態を見聞きした菅弁護士は、ますます労働時間の規制緩和を進める安倍政権への疑念を増した。「日本がモデルとする米国の制度でも大問題となっており、長時間労働を引き起こしている。その米国で規制を強化しようと見直しに動いているのに、日本では逆に規制を緩めようとするのはいかがなものか」と。

†「残業代ゼロ制度」だけじゃない

「残業代ゼロ制度」の対象は一握りだから自分には関係ない——。そう思っている人もいるかもしれない。今回の労働基準法改正案には、労働時間規制の緩和策として、裁量労働制の適用拡大と手続きの簡素化も盛り込まれた。もともと裁量労働制には残業代ゼロ制度のような年収要件はない。改正されれば、一部の営業職への適用が解禁される。前出の菅弁護士は、「残業代ゼロ制度よりも、むしろ裁量労働制の拡大のほうが、ホワイトカラーへの影響は大きい」と危惧する。

裁量労働制とは、働いた時間にかかわらず、あらかじめ労使で決めた時間を働いたとみなす制度。その代わりに仕事の手順やペースを社員に任せる仕組みで、成果主義の色合いが強い。例えば、一日の労働時間を八時間とみなすと、実際は六時間しか働かなくても八時間分の賃金がもらえる。ただし、十時間働いても深夜（午後十時〜翌朝五時）や休日出勤でなければ、二時間分の残業代はもらえない。残業代ゼロ制度に近い働き方といえる。

裁量労働制も「残業代ゼロ制度」のように対象職種が決められている。研究開発など特定業務に適用される「専門業務型」は研究職や新聞記者、弁護士、ソフト開発者などの十九種類の業務。本社勤務のホワイトカラーなどに適用される「企画業務型」は、事務系の企画・調査などの業務を対象としている。導入するには労使合意が必要で、労働基準監督署に書面を届け出るとともに、六カ月ごとの報告も課される。

一部の業種に限られている上に、手続きが煩雑なことから、経営者側には不満があった。ホワイトカラー・エグゼンプションとともに柔軟な働き方を求めて、裁量労働制の見直し

【企画業務型】

事業運営の重要な決定をする本社などの中枢部門で企画・立案・調査分析を担う業務

↑

あらたに適用が検討されている業務
①取引先のニーズを聞いて商品開発につなげる「課題解決型の営業職」 ②工場の品質管理を全社的に計画する業務

【専門業務型】

新商品や新技術の研究開発／情報処理システムの分析・設計／新聞や出版、放送の取材・編集／衣服や広告などのデザイン考案／放送や映画のプロデューサーやディレクター／コピーライター／システムコンサルタント／インテリアコーディネーター／ゲーム用ソフトウエアの創作／大学の教授研究の業務／公認会計士／弁護士／建築士／不動産鑑定士／弁理士／税理士／中小企業診断士
証券アナリスト／金融商品の開発……高度プロフェッショナル制度の対象にも想定されている職種

図表6　裁量労働制の対象職種

も経団連は政府に要望していた。

改正案では、企画の要素が入った営業職を新たに「企画業務型」の中に加える。認められるのは営業職でも「課題解決型提案営業」というもので、厚労省は「取引企業先のニーズを聴取し、社内で新商品開発の企画立案を行い、ニーズに応じた課題解決型商品を開発の上、販売する業務等」を想定している。店頭販売やルートセールスなど単純な営業は対象に当たらないとしている。さらに、品質管理の業務も対象に含める。これまで本社部門の業務が中心だったが、工場など生産現場レベルにまで広がることになる。厚労省は「全社レベルの品質管理の取組計画を企画立案するとともに、計画に基づく調達や監査の改善を行い、各工場に展開するとともに、その過程で示された意見をみて、さらなる改善の取組計画を企画立案する業務等」を想定している。

今後、厚労省は指針で適用基準を定める予定だが、「会社や業界によって業務や名称が異なり、専門業務型のように具体的に職種まで定めるのは難しい。抽象概念を法律で定め、労使でチェックしていく」とする。

手続きについても「裁量労働制が定着してきた」として、本社一括の届け出を認めるとともに、六カ月ごとの労基署への報告義務を、最初の六カ月だけに簡素化した。菅弁護士は、「使い勝手がよくなり、企業は安心して導入できる。今時の営業の人は、ほとんどの人が何らか顧客からニーズを聞いて提案している。営業職まで拡大することで対象はかなり広がるだろう」と警戒する。

†裁量労働制は「保険」

裁量労働制の対象に含まれる研究職や証券アナリストなどは、残業代ゼロ制度の対象としても想定されている。

二〇一四年十二月二十四日の労政審の分科会で、労働者側から両制度の対象者が重複することへの異論が出た。使用者代表の鈴木委員は「裁量労働制と新たな労働時間制度は趣旨・目的が異なる。対象業務が一部重なることはあると思うが、成果でダイレクトに評価されたいと思う社員がいれば、その選択肢を設ける。そのことが、社員が能力を発揮しやすい環境を整えることにつながるというふうに思っている」と主張した。

これに対し、労働者代表の新谷委員は「対象業務や対象職種が重複しているにもかかわらず、両者の関係は十分に整理されていない状況です。使用者側は時間と賃金の関係を切り離すということを繰り返し主張していますが、こうした切り離しは現行の枠組みの中でも対応できる以上、新たな規制緩和は不要であると言わざるを得ない」と残業代ゼロ制度の導入に反対した。

前述の八代教授は、あえて似通った制度を改正案に盛り込んだ点を、八年前の日本版ホワイトカラー・エグゼンプション断念の教訓と捉える。「万が一、前回のように残業代ゼロ制度が潰れても、労働時間の規制緩和が前進したと言えるように、裁量労働制の適用拡大との二段構えにした。裁量労働制の適用拡大は、厚労省にとっての一種の保険だ」

†重荷となる日本型経営

安倍政権は、規制緩和を「成長戦略の一丁目一番地」と位置付ける。規制緩和とは、企業活動を阻むような法律やルールを緩めたり、撤廃したりして経済成長を促す取り組みのことだ。
労働分野において、安倍政権が進めようとしている規制緩和は、労働時間だけではない。もう一つの柱は解雇規制。いずれも戦後日本で続いてきた働き方を見直すものだ。時代にそぐわなくなった制度を改めることで企業活動を活性化させ、生産性の向上を目指す。

戦後日本の高度経済成長は「ジャパン・アズ・ナンバーワン」と評され、日本型経営は世界で賞賛された。戦後の日本型経営の特徴は、新卒一括採用で定年まで雇う終身雇用と、社歴を積むごとに給料が上がっていく定期昇給。会社は、仕事が減っても配置転換などで雇用を守る代わりに、「会社の命令に何でも従うこと」を正社員に強いてきた。「働くことは美徳」という日本人の勤勉さともマッチして、企業戦士たちは長時間労働もいとわず、身を粉にして働いてきた。

会社に滅私奉公する代わりに、終身雇用や定期昇給で守られてきた日本人。バブル崩壊後、景気低迷と国際競争にさらされた日本企業は、社員たちを守るだけの余裕を失っていった。一方で、働いた時間だけでは評価しきれないホワイトカラーが増え、工場で働くようなブルーカラーを念頭につくられた労働基準法の制度にそぐわなくなってきた。

いつしか日本型経営は会社にとって重荷になっていった。

†「規制緩和＝善」

労働規制緩和の動きは、今に始まったことではない。一九九〇年代半ば、曲がり角を迎えた日本型経営に代わって規制緩和論が台頭した。

一九九五年、経済界は日本型雇用との決別を宣言する。経団連の前身の日経連による「日本的経営」の提言だ。終身雇用や年功序列による賃金体系の見直しを求め、雇用形態を長期雇用の幹部候補と、有期雇用の専門職、パート的労働者に分けるというものだった。

需要に応じて柔軟に労働力を調整し、効率よく働かせることで生産性の向上を図る。日本企業は不採算部門は閉鎖し、正社員のリストラを進めた。代わりに雇用の調整弁として、非正規雇用を広げた。一方、絞り込まれた正社員には成果主義を強めていく。

低迷する日本経済の再生のため、政府も経済界と歩調を合わせ、規制緩和の旗を振った。中でも二〇〇一年に誕生した小泉政権の構造改革により、規制緩和の動きが一気に加速した。「規制緩和＝善」というイメージ先行で、国民も小泉改革を熱狂的に支持した。

金融の自由化、郵政民営化、大店法の規制緩和など、次々と規制緩和が進められた。その中で、労働分野の規制緩和として象徴的に取り上げられるのが、派遣労働だ。

一九九六年、労働者派遣法が改正され、対象業種が十六から二十六に拡大。二〇〇三年には製造業への派遣が解禁。専門的二十六業務の派遣期間の制限がなくなった。

派遣労働をめぐる規制緩和は、非正規雇用の拡大を生む一因となった。国内労働者の賃金は一九九七年から減少。一九九五年から二〇〇六年までの間に、正社員は四百三十九万人減った。一方で非正規は六百六十二万人増えた。二〇一二年には、派遣やパート、アルバイトなどの非正規社員が三分の一を占めるまでになった。

安倍首相は官房長官として小泉政権を支え、規制改革路線を引き継いだ。アベノミクスの成長戦略は、一九九〇年代から続く規制緩和の延長線上にある。

二〇一三年五月二十二日の東京新聞（中日新聞）に掲載されたインタビュー記事で、国際労働機関（ＩＬＯ）のガイ・ライダー事務局長が、安倍政権の労働規制改革について次のように語っている。

「強調しておきたいのは、雇用の規制緩和を成長をもたらす魔法のような解決策ととらえるのは間違っている。これまでの経験からみても、日本の成長鈍化は、労働市場の硬直性（労働者保護）が原因ではない。逆に言えば、雇用の規制緩和や流動化が成長につながったケースもない」

†労働の二極化

規制緩和が進むと、不十分ながらも存在していたセーフティーネットに、ますますほころびが目立ち始めた。二〇〇八年のリーマン・ショックによる不況で、派遣社員の契約を一方的に打ち切る「派遣切り」が社会問題となった。格差は拡大し、働いても貧困から抜け出せない「ワーキングプア」も生んだ。

低賃金で、いつ首を切られるか分からない不安定な立場の非正規雇用の拡大は、正社員にもしわ寄せが及んだ。正社員が少なくなったことで一人ひとりの業務量は増え、ますます長時間労働を強いられるようになった。

規制緩和で広がった労働の二極化は、働く人たちに過酷な労働を強いる「ブラック企業」を生む温床ともなった。

正社員の門戸が狭まる中、「ブラック企業」は非正規社員になりたくない、安定を求めて正社員にしがみつこうとする若者たちの思いを逆手に取り、新卒者を大量に正社員として採用して使い捨てる。一九九〇年代後半のデフレ不況下、企業は生き残りを賭けてコストを削減し、若者の雇用の不安定化が進んだ。その中で、飲食や小売りの業界では、価格競争に対応したチェーン型経営が急成長した。

労働力調査（二〇〇一年までは労働力調査特別調査）によると、非正規雇用の労働者の割合は、一九八五年の一六・四%から二〇一四年の三七・四%に上昇した。中でも若者の急

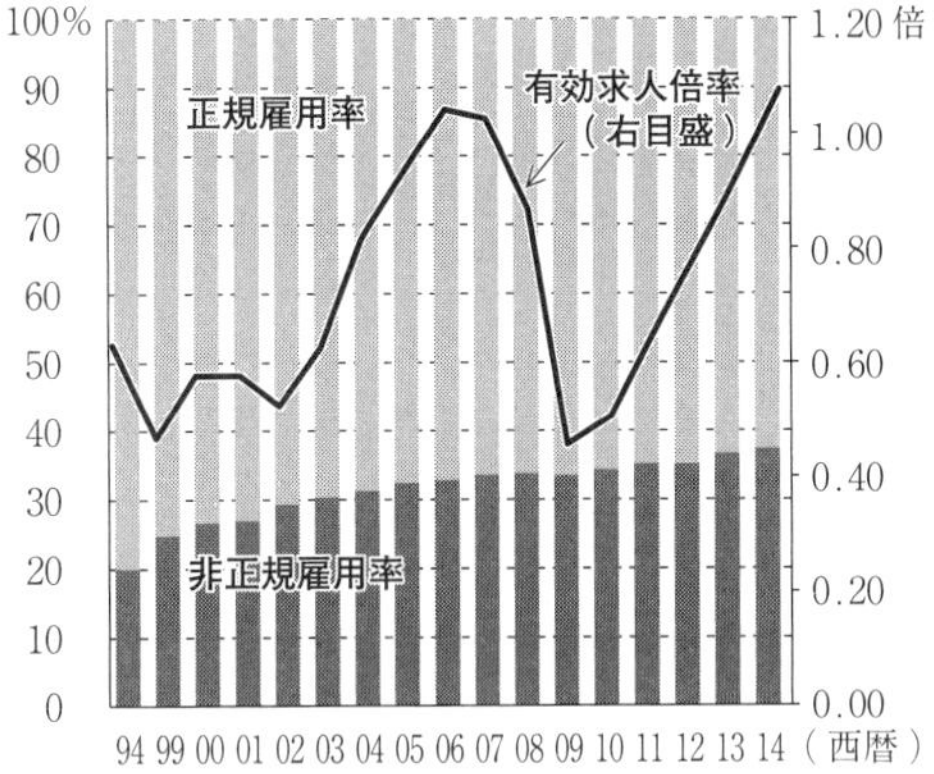

注）総務省の労働力調査などから集計

図表7　求人の増減にかかわらず伸びる非正規雇用

増ぶりが目立った。十五～二十四歳で一四・九%から四八・六%と三三・七ポイント増。二十五～三十四歳でも九・八%から二八・〇%と一八・二ポイント増となった。

労働の二極化が色濃く出ているのが、チェーン型経営を積極的に取り入れている「卸売・小売業・飲食店」といったサービス業界だ。

厚労省が公表した二〇一三年度版「労働経済の分析」、通称「労働経済白書」によると、「卸売業・小売業、飲食店」では、一九八七年から二〇〇七年の間に正規雇用

が五十三万人減少、逆に非正規雇用は三百五十四万人も増加した。

チェーン型経営は、まさに正規、非正規の弊害の上に成り立っているビジネスモデルと言えるのかもしれない。安価な労働力で利益を生み出すために、従業員の主力は非正規労働者であるパートやアルバイトたち。一店舗に一人か二人しかいない正社員が、パートやアルバイトたちを使って店を切り盛りする。そのわずかな正社員の人件費までも切り詰めようと、会社は、法律の例外規定を拡大解釈して「管理職」とみなし、残業代の支払いを免れようとする。人員はギリギリ、いくら働いても残業代がつかない。会社から課されたノルマ達成のため、正社員は長時間労働にならざるを得ない。

若者のうつ病や自殺が取り沙汰されるようになったのは、そんな頃だ。

第三章 はびこる長時間労働

†残業は例外、だが……

日本では本来、残業することはできない、というと驚くだろうか。しかし、法律では、そう定めている。

労働基準法は、働く時間を一日八時間、週四十時間までと規定している。ただし、この規定には例外がある。経営者側と労働者側が協議し、何時間まで残業できるか上限時間を定めた協定を結べば、残業が認められる。この協定は、残業を例外的に認めた労働基準法三六条の規定から、通称３６《サブロク》協定と呼んでおり、協定内容を書面にした協定届を管内の労基署に届け出る必要がある。３６協定の効力は一年しかないため、会社は毎年、本社や支店、工場、店舗ごとに労働組合もしくは従業員の代表との協定を結ばなければならない。

　36協定を結んだとしても月四十五時間という上限はあるが、特別な事情があれば、半年間に限り、その上限を超えてさらに働かせられる。上限が月四十五時間の協定は「一般条項」と呼ばれ、月四十五時間の上限からさらに延長できる規定は「特別条項」と呼ばれる。ただし、特別条項には法令の定める限度時間はなく、各企業の労使間で上限を決めてよいことになっている。

　厚労省が警告する「過労死ライン」の月八十時間以上の残業を認める協定を結んだとしても、企業に罰則はない。労使の力関係で残業時間は青天井になりうる。今の日本では、「残業は例外」という意識はほとんどない。

　過労死ラインは、睡眠時間から逆算している。法律で定めた一日の労働時間は八時間。食事や入浴などの生活に一日六時間費やすとして、一日の残り時間は十時間となる。月に二十日間働くと仮定する。月に百時間、つまり一日五時間の残業を続けると、五時間しか眠れない。五時間睡眠では疫学的に脳や心臓に負担が大きいという見解だ。厚労省から委嘱された専門医らが議論し、二〇〇一年に「月八十時間を超える残業」を労災認定の基準とみなした。

厚労省は36協定を条件に青天井の残業を認めている一方で、過労死ラインを設けて「働き過ぎると過労死しますよ」と警告している。相反する行政基準が併存している現状では、長時間労働を抑制しようとする機運が醸成されにくい。「過労死」という言葉が海外でも取り上げられ、労働界から残業時間に絶対的な上限を設ける必要性がたびたび訴えられたが、経営者側の抵抗に遭ってきた。

「医学的知見を労働行政に持ち込んでも、現実問題としてうまくいかない場合がある。二重基準という見方もできるかもしれないが」。これは、厚労省労働基準局監督課の行政官の見解だ。

不況、円高、新興国との競争……。「会社がつぶれれば、そもそも暮らしていけない」との論理は強い。過労死の危険と企業存続をてんびんにかけ、後者の方が今は重いというのが行政の認識といえる。

「限界を迎える前に辞めればよかった」「自分はもっと働いている」。労働者からもそんな声が上がる。ともに背後には「過労死は一部の例外」という意識がある。

冒頭でも述べたが、日本の大企業の七割が「過労死ライン」以上の残業を認めている。これは、私たち取材班が各社の36協定届を取り寄せて独自に調査したものだ。日本企業のピラミッドの頂点に立ち、多くの日本人の働き方を決めている大企業は、長時間労働に対してどのような意識を持っているのか。それを確かめるためだった。

†残業の上限、大手の七割が「過労死ライン」以上

私たちは二〇一二年四月、東証一部上場企業のうち、二〇一一年決算期で売り上げ上位の百社を対象に調べた。36協定の効力は一年限りのため、企業は本支店や事業所、工場ごとに毎年、労使で合意した協定届を管轄の労基署に提出しなければならない。百社の本社部門の上限時間を把握するため、各企業の本社が労基署に提出した最新の36協定届を、労基署の上部組織である労働局に情報公開請求した。部署ごとに上限時間が異なっている場合は、社内で最も長い上限時間を採用した。

調査結果は私たちの予想をはるかに上回るものだった。社員に過労死ライン以上の残業を課すことができる36協定を結んでいた企業は、百社のうち七十二社に上った。日本を代表する大手企業であっても、厚労省の指導が形骸化し、過労死しかねない働き方が許さ

れている現状が浮かんだ。

各労働局から開示された各社の３６協定届によると、労使で残業の上限と決めた時間が最も長かったのは、大日本印刷の月二百時間。関西電力の月百九十三時間、日本たばこ産業（ＪＴ）の月百八十時間、三菱自動車の月百六十時間と続いた。百社のうち七十二社が八十時間以上で、そのほぼ半数の三十七社が百時間を超えていた。百社平均の残業の上限時間は約九十二時間だった。

月百時間という残業も、過労死の危険水域として、厚労省が警鐘を鳴らしている。労働者の命や健康を守るための「労働安全衛生法」に基づき、残業が月百時間を超えた従業員に医師の面接指導を受けさせるよう企業に指導しているのだ。

私たち取材班は、情報公開請求と併せて、大手百社に対して、労務管理についてのアンケートも実施した。百社中三十六社が回答を寄せた。アンケートで、労使合意さえあれば社員を無制限に働かせられることが可能な現行制度について尋ねると、三十六社のうち二十二社が「見直しは必要ない」「見直すべきだが現実的に難しい」と回答した。「見直しが必要」と改善を訴えたのは二社だけだった。

社員を残業させた場合（深夜・休日を除く）、会社は通常よりも二五％割り増しした賃金を支払わなければならない。長時間労働を抑制するため、厚労省は労基法を改正し、二〇一〇年四月から、大手企業に限り月六十時間を超えた場合は、割増率を二五%から五〇%に引き上げた。アンケートでは、法改正の前後の年の平均残業時間を尋ねたところ、三十六社のうち十三社で、法改正した後のほうが実際に残業した時間が長くなっていた。また、法改正後に36協定の残業の上限時間を引き下げたのは、日野自動車だけだった。

36協定の調査結果に西谷敏・大阪市立大名誉教授(労働法)は、「企業が労働者側と長時間の協定を結ぶのは、繁忙期や突発的な事態に備えるためだが、大手の七割で協定時間が過労死基準を超えているのは、ゆゆしき事態だ」と指摘。残業を含めて週四十八時間の上限を設けている欧州連合(EU)の例を示しながら、「法律そのものに限度時間を定めるべきだ」と提言する。制度の見直しに加え、36協定が労使合意に基づく手続きであることから、「大手企業の大半にある労組も、協定を見直して残業制限に努力すべきだ」と述べた。

アンケートで企業からは、「突発対応や繁忙期のために高めに上限を設定しており、実際に残業している時間は、上限を大幅に下回っている」という回答も寄せられた。だからといって、厚労省が警告している「過労死ライン」以上の上限を結ぶことは必要悪なのか。大手企業の調査と並行して、もう一つの残業時間の上限調査も行っていた。

†過労死企業の半分が「過労死ライン」

過去に社員の過労死や過労自殺を起こした企業は、その後、どうなったのだろうか。私たち取材班は、大手百社と同様に二〇一二年四月、各社の36協定で定めている残業時間の上限を調べた。

二〇〇〇年一月～二〇一二年四月の間で、労働基準監督署や裁判所が社員の過労死や過労自殺を認定した企業を、新聞記事や訴訟記録から調べ上げた。このうち、各本社もしくは過労死・過労自殺のあった支店や工場について、最新の36協定届を管轄の労働局に情報公開請求したところ、労基署に36協定届を届け出ていたのは百十社だった。

開示された36協定届から、各社の残業の上限時間をまとめた。社内で部署によって上限時間にばらつきがある場合は、最長の時間を採用した。結果として、約半数の五十三社で依然として月八十時間（いわゆる過労死ライン）以上の残業を認めていることが分かった。過去に過労死を起こした企業であっても、長時間労働を抑制しようという動きは鈍い。

月当たりの残業の上限が長かったのは、NTT東日本の二百五十八時間やプラント保守大手「新興プランテック」の百八十時間、ニコン、JA下関、東芝電機サービスの各百五十時間など。これらを含め百時間以上は二十六社あった。労働組合のある五十七社の月平均は約九十一時間。労組のない五十三社は約六十四時間で、労組のある企業の方が長時間労働を容認する傾向も浮かびあがった。

36協定届の情報公開請求とともに、百十社への労務管理のアンケートも行い、二十六社から回答を得た。現行制度は、企業が労基署に届け出る36協定の残業時間について「月四十五時間、年三百六十時間」までという制限があるが、特別な事情があれば、半年間はいくらでも延長できる。こうした制度の見直しの必要性については、「企業ごとの状況や立場が異なるので一律的な見直しは困難」（製造業）、「企業モラルの問題」（外食業）などの回答があった。

労働問題に詳しい森岡孝二・関西大学名誉教授（企業社会論）は「過労死があった後も、長時間の36協定を労基署に受理させている厚生労働省の考え方と、それを許している法制度に問題がある」と指摘する。

†タイトな人員

36協定調査と合わせて、長時間労働に対する経済界の考えを知ろうと、国内大手の多くが加盟する経団連に取材を申し込んだ。

二〇一二年五月、経団連労働法制本部の鈴木重也主幹に話を聞くことができた。鈴木主幹は第一章でも登場したが、この後に「残業代ゼロ制度」の制度設計をめぐり、労政審で審理に加わっていた使用者代表メンバーの一人だ。

鈴木主幹は二〇一二年当時、長時間労働を生む背景を、こう分析していた。

「一つは、経営のグローバル化により、海外との折衝が増えて時差の問題がある。二つ目は、サービス業の二十四時間営業化。消費者のニーズから営業時間が長くなってきた。三つ目は、リーマン・ショックの業績不振。人を採りたくても採れない。労務構成も正常に仕事を振っていたのが、人が入らないことで、現状の社員で回さなくてはならない。利益が落ち込み、人件費に回せない。四つ目が、業務の非効率、仕事の無駄。これは管理監督者のマネジメント力の低下が考えられる。日々の仕事以外にコンプライアンスなどの業務が増え、本来のマネジメントや社員教育に時間が割けない。部下の労働時間を把握し、進捗状況を見るのは現場のマネージャー。そのマネージャーが忙しくて、マネジメントに注力できない実態があるのでは。タイトな人員構成で回さなくてはいけなくなっている」

†「上限規制は企業の手足を縛る」

残業の上限規制を設けることの是非についても鈴木主幹に尋ねた。

鈴木主幹は上限規制について懐疑的だ。「企業の手足を縛る。経営者にとっては、需給調整のため労働時間に柔軟性をもたせたいという思いがある。企業によっては、36協定では高い上限を設定しているが、実際に実効された時間はもっと低いことだってある」と述べた。日本特有の雇用環境を例に挙げ、「上限を設けてしまうと、需給調整の機能がなくなる。アメリカでは需給がないと社員の首を切る。でも日本では簡単に社員の首は切れない。企業にとって需給の調整機能は不可欠、特に製造業は。これまでの規制を緩和しろとまでは言わないが、これ以上の厳しい規制は、事業の円滑な運営を阻害する」と訴える。

二〇一二年当時、東日本大震災や超円高などの影響で、日本の経営者にとっては厳しい時代だった。「最近でも有期雇用に関する労働契約法や、高齢者の雇用とか、立て続けに法改正をやろうとしている。円高、電力供給など、今、国内で事業を続けるのは大変。一九九八年や二〇〇八年の労基法改正時より企業を取り巻く状況は厳しくなっている」。鈴木主幹が口にしたのは、国の規制強化に対する懸念だ。小泉構造改革をはじめ行き過ぎた規制緩和への警鐘を鳴らしてきた労働界とは、真逆の受け止め方をしていた。

そして、上限規制の弊害を次のように語っていた。

「日本の場合、いったん社員になれば解雇しにくい。しかも、これから六十五歳まで働けといっている。次々、規制が増えて労働の柔軟性がなくなり、企業は身動きが取れなくなっている。こうした中で、さらに36協定に上限規制を設けるとなると、企業は国内にいるメリットがなくなり、どんどん海外に移転していく。そうなると雇用面にしてもますます悪化する。多くの労働問題というのは、景気がよくなれば、ある程度の問題は解決してしまう。過労死は重要な問題だが、だからといって規制を強めれば、企業は活性化を失い、成長は望めなくなる」

†36協定調査から二年……

36協定の調査をした二〇一二年四月当時は、二〇〇八年のリーマン・ショックによる影響から徐々に回復しつつあったものの、デフレや円高で日本経済は冷え込んでいた。企業活動が低迷していたときでも、国内大手の七割が社員に「過労死ライン」以上残業させられる働き方になっていた。

調査から八カ月後の衆院選で、自民党が大勝し、民主党から政権を奪い返した。日本再生を訴え、企業重視の施策を打ち出す安倍政権の誕生と軌を一にするように、二〇一三年に入って円安に転じると、国内企業は製造業を中心に急激に業績を回復していった。

景気回復を追い風に、安倍政権は企業活動を阻む規制の緩和策を押し進める。二〇一四年六月、ついに安倍首相の悲願だった労働時間の規制を外す「残業代ゼロ制度」の導入が成長戦略に盛り込まれた。労働時間の規制緩和には、労働界から「残業代という働き過ぎを防止するための足かせを外せば、長時間労働を助長しかねない」という懸念の声も上がっている。

労働時間の規制緩和をめぐる議論が加熱する中、私たち取材班は、あらためて企業の意識をつかもうと、残業の上限時間を再調査することにした。二〇一二年に調査した国内大手百社と、二〇〇〇〜二〇一二年に過労死・過労自殺があった百十社を対象に、二年半たって各社の残業時間の上限がどうなったかの追跡調査だった。

†今も大手の七割が「過労死ライン」

二〇一四年十一月の追跡調査では、依然として国内大手の七割の企業で過労死ライン以

	2014年		2012年
関西電力	193	←	193
日本たばこ産業（JT）	180	←	180
三菱自動車工業	160	←	160
ソニー	150	←	150
清水建設	150	←	150
三菱マテリアル	145	←	145
東京電力	144時間40分	↑	90
昭和シェル石油	140	←	140
NTT	139	←	139
東芝	130	←	130
日立製作所	3カ月384	←	3カ月384
日本電気(NEC)	3カ月360	←	3カ月360
丸紅	120	↓	150
京セラ	120	←	120
パナソニック	120	↑	83
中部電力	115	↓	135
三菱電機	112	←	112
三井物産	104	←	104
ヤマト運輸	101	←	101
大日本印刷	100	↓	200
鹿島建設	100	←	100
豊田通商	100	←	100
三菱商事	100	←	100
富士通	100	←	100
新日本製鐵住金	100	←	100
※住友金属工業（新日鉄と合併）	—		115
伊藤忠商事	100	←	100
三井住友海上火災保険	100	←	100
三菱化学	100	←	100
コスモ石油	100	←	100
住友化学	100	←	100
九州電力	100	←	100
川崎重工業	100	←	100
JFE 商事	100	←	100
双日	100	←	100
ブリヂストン	100	←	100
積水ハウス	100	↑	60
凸版印刷	100	←	100
住友電気工業	99	←	99
東北電力	3カ月270	↑	3カ月210
アサヒビール	90	↓	100
ヤマハ発動機	90	↓	100
JR 東日本	90	←	90
日本郵船	90	←	90
JR 東海	90	←	90
みずほ銀行	90	←	90
三井不動産	90	←	90
本田技研工業	90	↑	3カ月225
NTT ドコモ	89	↓	129
日野自動車	3カ月265	←	3カ月265

	2014年		2012年
富士フイルム	3カ月250	←	3カ月250
三菱重工業	3カ月240	←	3カ月240
キリンビール	3カ月240	←	3カ月240
東京ガス	3カ月240	←	3カ月240
三井化学	3カ月240	←	3カ月240
トヨタ自動車	80	←	80
三井住友銀行	80	←	80
出光興産	80	←	80
キヤノン	80	←	80
デンソー	80	←	80
シャープ	80	←	80
ソフトバンク	80	←	80
スズキ	80	←	80
アイシン精機	80	←	80
リコー	80	←	80
ダイハツ工業	80	←	80
商船三井	80	←	80
豊田自動織機	80	←	80
全日空空輸	80	←	80
住友商事	80	←	80
大和ハウス工業	80	↑	70
マツダ	80	↑	60
東レ	79	↓	99
富士重工業	79	←	79
旭化成	75	←	75
ヤマダ電機	75	↓	80
メディセオ	75	←	75
電通	75	←	75
KDDI	75	←	75
野村證券	72	←	72
三菱東京 UFJ 銀行	3カ月210	←	3カ月210
スズケン	70	↓	100
損害保険ジャパン	70	↓	80
大同生命保険	70	↓	80
小松製作所	70	←	70
武田薬品工業	70	←	70
阪和興業	70	←	70
神戸製鋼所	70	←	70
JX 日鉱日石エネルギー	69	←	69
いすゞ自動車	3カ月200	←	3カ月200
日産自動車	3カ月180	←	3カ月180
JFE スチール	3カ月180	←	3カ月180
東京海上日動火災保険	60	←	60
日本通運	60	←	60
セブン-イレブン・ジャパン	60	↑	45
東燃ゼネラル石油	56	←	56
第一生命保険	3カ月160	←	3カ月160
イオン	50	↓	70
アルフレッサ	45	←	45
三越伊勢丹	45	←	45

※持ち株会社は代表的な子会社の上限時間。職種によって異なる場合は、最も長い協定時間を採用。

図表8　東証一部売り上げ上位100社の36協定の残業上限時間

上の残業を認めていた。働き過ぎに歯止めをかける規制が緩和されようとする中、長時間労働に依存した働き方から抜け出せていない大手企業の実態が浮かび上がった。

追跡調査は、二〇一二年四月に調査した東証一部上場の売り上げ大手百社（一一年三月期、合併で現九十九社）を対象として、二〇一四年十一月時点で最新の各本社所在地の36協定届を、あらためて各労働局に情報公開請求した。

開示資料によると、過労死ラインの月八十時間以上の残業を認めている企業は、前回調査の七十三社から七十一社と、ほぼ横ばい。そのうち、月百時間以上の残業を認めている企業も三十八社から三十七社と依然として高止まりしていた。

最長は関西電力の月百九十二時間で、ＪＴの百八十時間、三菱自動車工業の百六十時間と続いた。十三社が上限時間を引き下げた。逆に前回よりも上限を引き上げた企業は、八社に上った。東京電力は前回調査より、一カ月の上限時間を五十時間以上、積水ハウスは月四十時間も大幅に引き上げていた。

†過労死企業でも依然五割

二〇〇〇〜二〇一二年に過労死・過労自殺のあった企業百十社についても、二〇一四年十一月時点の36協定を調べたところ、前回調査と同様、約半分の企業が過労死ラインの月八十時間以上、社員を残業させることができるようになっていた。加えて、前回調査時点から上限を引き上げた企業の数が、引き下げた企業の数を上回っていた。ワーク・ライフ・バランスの動きと逆行するような傾向が浮き彫りとなった。

開示された36協定届によると、月八十時間以上の残業を認めている企業は百十社のうち五十六社で、前回調査の五十三社から微増となった。月百時間以上だと、前回と同じく二十六社だった。

最も長く残業を認めていた企業は、新興プランテックだった。前回調査時点より二十時間引き下げたものの月百六十時間に上っていた。次がNTT東日本、JA下関、東芝電機サービスの三社が月百五十時間で続いた。

新興プランテック以外にも、NTT東日本、九電工など十社が前回から上限時間を引き下げていた。一方で、佐川急便、モデン工業、レンゴー、松下電子工業(現パナソニック)、山田製作所、松源、明治屋、日本食研ホールディングス、あさくま、日本マクドナルド、グルメ杵屋、ニトリの十二社が前回よりも上限を引き上げていた。中でも、建設業のモデン工業は二〇一二年の調査時点で月三十時間だった上限を、月百三十三時間にまで大幅に

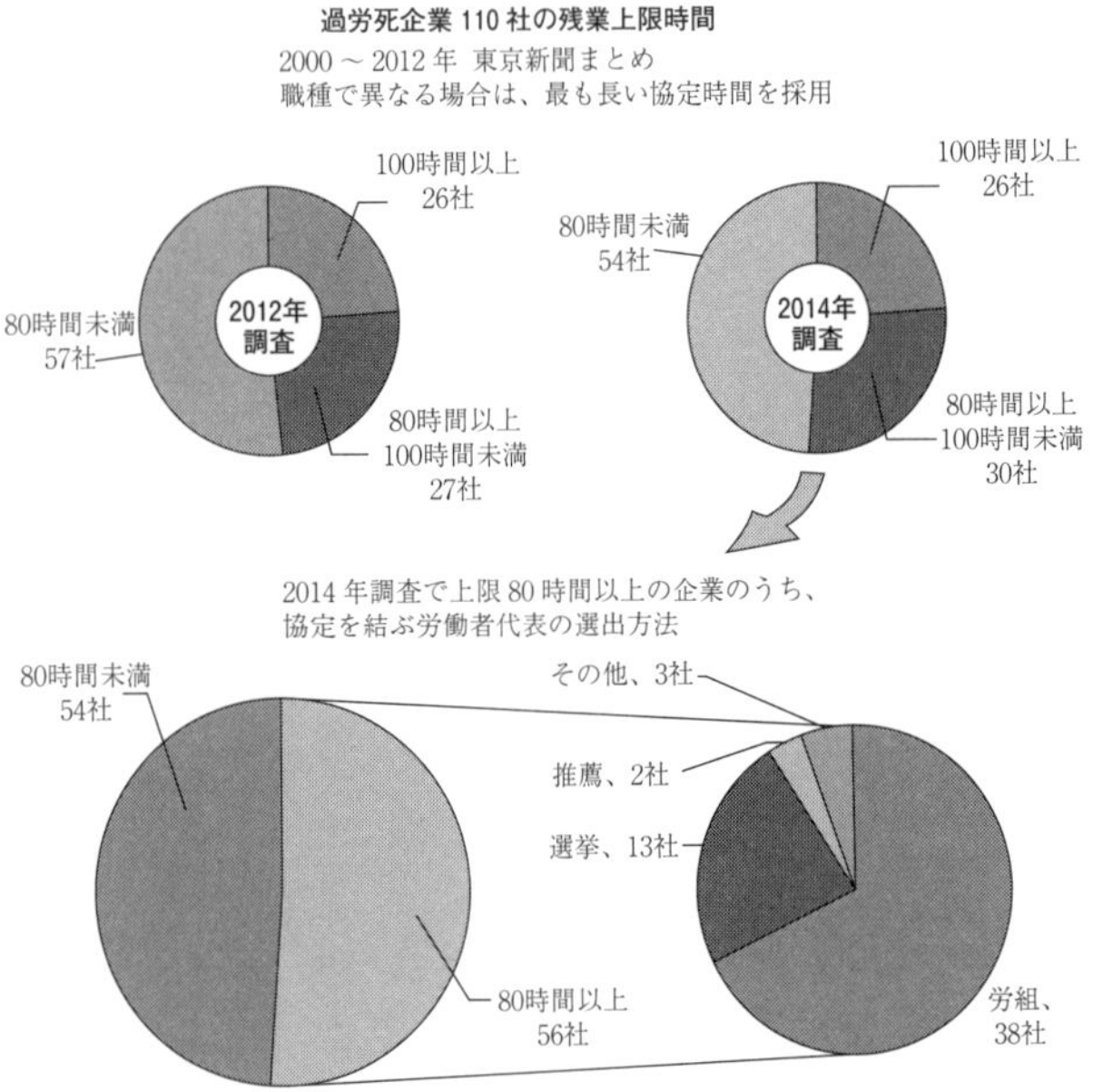

図表9　過労死企業の残業上限時間と、36協定の手続きの方法

引き上げていた。

二〇〇〇年に川崎銀柳街店の男性店長（当時二五）が急性心不全で過労死した日本マクドナルドは、特別な事情に限り月四十五時間を超えて残業させられる３６協定の特別条項を、二〇一一年四月にいったんは撤廃していた。しかし、二〇一四年十月に、本社社員に限り、特別条項を復活させていた。二〇一四年の追跡調査では、上限を月七十五時間に引き上げていた。日本マクドナルドPR部は、特別

条項を復活した理由について、「本社の財務や経理の社員は株主総会や決算前に業務が集中しがちな上、二〇一四年は使用期限切れの中国産チキンを使用していた問題が起こり、多くの部署で業務量が増えた。このままでは社員の労働時間が36協定の上限を超えて、法令違反になる恐れが出てきたため」と説明した。ただし、長時間労働にならないように、年間の残業が三百六十時間に収まるように時間管理しているという。

†大手の七割「上限、引き下げるつもりない」

二〇一四年の調査では、大手九十九社に限って、36協定届の情報公開請求と併せて、残業の上限時間や「残業代ゼロ制度」などに関するアンケートを行った。二〇一五年一～二月にかけて、一部回答も含め九十九社中七十三社から回答があった。

アンケートでは、将来的に残業の上限時間の引き下げを検討しているかどうかを尋ねた。「引き下げを検討している」と答えた企業は、回答のあった六十四社のうち三割弱の十七社にとどまった。一方、「引き下げは考えていない」と答えたのは、七割の四十五社に上った。そのうち三十二社が過労死ラインの月八十時間以上の残業ができる36協定を結んでいた。

上限を引き下げない理由として、上限が月百時間以上のある企業の中には「平均残業時間を見ると、突出して高いレベルにはなく、妥当な上限と理解している」「総労働時間は一般的な水準の範囲内」という回答もあった。上限が月百時間を大幅に上回っているにもかかわらず、「弊社の上限は高い水準ではない」と答えている企業もあった。

アンケートでは、二〇一二年の調査と比較して残業の上限時間を引き上げた企業、引き下げた企業に、それぞれ、その理由を尋ねた。上限を引き上げた企業の回答で目を引いたのは、上限を守れないから上限を引き上げるというものだ。

二〇一四年の調査で大幅に上限を引き上げたあるメーカーは「決算等の業務集中時期においても全社員が上限時間を厳守するため」と回答した。月七十時間から八十時間に引き上げた大和ハウスも、「繁忙期には上限に収まらない状況で、労基署に相談した結果、まずは36協定を遵守することを優先し、協定の範囲を広げた。残業代増加を容認するという意味ではなく、実現可能な目標を設定することで、協定を遵守することが狙い」と答えた。

労働基準法では、労使が合意さえすれば、半年を限度に何時間でも社員に残業させることができる。たとえ合法となっても、それは長時間労働の解決にはならない。「労基署から違法を指摘されないため」という理由は、経営側の都合であって、労働者にとっては労働条件の悪化につながりかねない。

†過労防止対策で見る本気度

アンケートでは、各社で取り組んでいる過労防止策も尋ねた。回答した七十三社は、いずれも何らかの取り組みをしていた。しかし、各社の対策の中身を検証すると、過労防止に対する企業ごとの姿勢の違いが見えてくる。

取り組みで目立つのは、産業医による社員の面談・健康診断とノー残業デー。これらは以前から多くの企業で取り組まれているものだ。現在も長時間労働が解消されていない現実からすれば、抜本的な対策とは言いがたい。そもそも産業医の面談は、労働安全衛生法で残業が月八十時間を超えた場合は事業主に実施するように求めており、月百時間を超えた場合は必ず実施しなければならない。

その中でも、先進的な取り組みとして、伊藤忠商事の朝型勤務は注目が集まっている。残業ありきの夜型の残業体質を見直すのが狙いだ。午前五〜九時に勤務した場合は、通常の賃金より五〇%割り増しした賃金を支払っている。朝食を支給するインセンティブも設け、朝型勤務を促している。伊藤忠商事によると、二〇一二年十月に導入して半年間で、一人当たりの一カ月平均の残業時間は、前年と比べ総合職が四十九時間十一分から四十五時間二十分と約四時間短縮。事務職も二十七時間三分から二十五時間五分と約二時間短縮したという。

†残業代ゼロ制度「反対」一社だけ

働いた時間ではなく成果に応じて評価する働き方を促すとして、安倍政権が導入を目指す高度プロフェッショナル制度、つまり残業代ゼロ制度の是非についても、アンケートで尋ねた。回答した四十九社中三十三社が「賛成」、十五社が「どちらとも言えない」と答えた。「反対」は一社だけだった。

賛成の理由として、海外にも進出している電機メーカーは「日本企業がグローバル競争に勝ち抜くためには、より創造的で、より成果を重視する働き方を実現する必要がある」と導入に賛同する。唯一、「反対」と答えた企業は「長時間労働を誘発させる要因になる」と指摘。賛成企業の中にも、「働き過ぎを抑制する一定の基準を設ける必要がある」（アイシン精機）との意見もあった。

残業代ゼロ制度には、一千七十五万円以上という年収要件や、アナリストをはじめ開発・研究などの職種の要件を設けることになっている。アンケートでは、一部の企業から「趣旨は理解できるが、適用対象が限定的」「年収が第一条件になるのは疑問が残る」などと対象範囲への不満も寄せられた。三菱化学は「成果をより志向した賃金体系となり、優秀な人材の意欲向上につながる」と評価しながらも、「年収の下限値が設定されているため自社で導入するのは困難」としている。

残業時間に絶対的な上限を設けることに、経営者たちの反対は根強い。残業代ゼロ制度の導入にあたっては、働き過ぎを防ぐため、他の健康確保措置との選択制だが、企業は対象となる労働者の働く時間に上限を設けることになっている。

アンケートでは、法律で残業の上限時間を定めることについても是非を尋ねた。結果は、回答した五十社中二十九社が反対。賛成は十五社にとどまった。残業の上限時間を長く定めている企業ほど、上限規制に反対している傾向があった。

今も国内大手の三分の一が月百時間以上の残業を認める協定を労使間で結んでいるにもかかわらず、「労使で決めるべき事項」「労使協議で一定の制約は働いている」という理由も散見された。

†上限長いほど残業長く

アンケートでは「時間そのものを制限するより、健康配慮措置によって過労を予防するほうが効果的」（三菱電機）という回答もあった。実際に回答企業は、いずれも何らかの過労防止の対策を講じている。伊藤忠商事のように朝型勤務を促し、残業が減った事例もある。ただし、国内全体で見ると、フルタイムで働く正社員の年間総労働時間は、二千時間を超えており、過労死や過労自殺も高止まりしている。残業の上限規制に「賛成」と答えたメディセオは、アンケートに「法律で定めない限り、長時間労働に歯止めが効かない」と答えている。

二〇一三年度の労働時間等総合実態調査によると、36協定で定める特別条項の上限時間が長くなるほど、実際に残業した時間も長くなっている傾向が見て取れる。事業所内で最も長く残業していた労働者で比較すると、一カ月の上限時間を四十五時間超～五十時間以下としている事業所では、実際に一カ月に残業した時間は平均二十四時間十三分だった。これに対し、一カ月の上限時間を月八十時間超～百時間以下としている事業所では、平均三十六時間四十七分に上り、一カ月当たり十二時間半も長く働いていた。

経営者側からすれば、「36協定の上限時間はあくまで突発対応のための備えであって実際の残業時間は短い」という意見もあろう。実態もそれに近いだろう。ただ、上限時間をどう設定するかは、個々の企業の労働時間に対する意識が少なからず反映しているはずだ。

36協定の調査結果を見ると、同じ業界内でも過労死ラインよりも低い上限の企業もあれば、百時間を超える上限の企業もあった。置かれている状況は大きくは変わらないはず。上限時間の違いは、働き過ぎ防止への本気度ではないか。

†特別条項の締結増加

前述の二〇一三年度の労働時間等総合実態調査には、長時間労働抑止に対する企業の本気度を疑うようなデータがある。

「特別な事情」に限り、月四十五時間を超える残業を認める36協定の「特別条項」。労使間の合意さえあれば、いくらでも上限を設定できる。長時間労働の温床となっている特別条項を結ぶ企業が、むしろ増えている。

労基署の監督官が二〇一三年に会社や店舗、工場など全国の一万一千五百七十五カ所の

Q5. 高度プロフェッショナル制度の導入に賛成か（99社中49社回答）	
賛成：34社	
第一生命保険	育児や介護などと両立させながら活躍できる人材が増えるなど多様な人材の活躍につながることが期待される
丸紅	残業削減による従業員の生産性の向上、ワーク・ライフ・バランスの向上が期待されるため
自動車メーカー	ホワイトカラーの生産性向上により企業間競争力が高まることが期待できるため
大日本印刷	労働時間ではなく、成果で賃金を決めるべき職種や職位があるため、結論としては賛成。ただし、導入にあたっては慎重な検討を要する
日野自動車	導入に際しては、働き過ぎ防止の取り組みが前提になっており、生産性の高い働き方が企業や労働者のさらなる成長につながるため
反対：１社	
匿名	長時間労働を誘発させる要因になると考えるから
どちらでもない：14社	
小松製作所	すでに裁量労働制（研究・開発部門）を導入済みで、それ以上のニーズに特段迫られていない」
メーカー	趣旨は理解できるが、適用対象が限定的なため
電機メーカー	該当者が少ないため

Q6. 法律で残業時間に絶対的な上限規制を定めることに賛成か（99社中50社回答）	
賛成：15社	
メディセオ	法律で定めない限り、長時間労働の防止や労働者の健康確保に歯止めが効かない
小売り	法的に規制されない場合、設定時間が企業基準となり、長時間労働につながる恐れがある
医薬関連	社員が長時間労働により健康障害になれば、会社にとっても社員やその家族にとっても不幸。そうならないためには一定の上限を設けることは有効な手段
反対：29社	
日野自動車	36協定届け出時にも労基署の適切な指導もあり、上限規制は不要
自動車メーカー	リコール対応や、お客様第一の考えに基づく緊急時においては例外規定を設けるなどの折衷案がいる
電機メーカー	業種、規模により各企業の置かれている状況は異なるため一律の上限を定めるのは困難。法定水準まで上限を引き上げる企業が現れる逆効果も危惧される
インフラ	震災の際などには業務負荷が大幅に増える可能性もあり、一律的な上限はふさわしくない
運送業	労使で協議し、決定していくべき事項
どちらでもない：６社	

Q1. 将来的に残業の上限時間を引き下げを検討しているのか（99社中64社回答）		
引き下げを検討している：17社		
引き下げは考えていない：45社		
主な理由	日立製作所	弊社の上限は高い水準ではない
	三菱化学	プロジェクト業務など、業務のピーク時に上限時間に近づくことが希にあるため
	丸紅	業務内容の特性上、一定量の残業勤務が発生する時期もあるため
	三井化学	社内での実際の運用は36協定の基準よりも厳しい目標を設定し、超勤管理を行っているため
	匿名	上限時間は万が一の場合に備える趣旨のものであり、ケースによっては健康状態に最大限留意することを前提に長時間労働を行うことがやむを得ないケースも想定されるため
どちらとも言えず：２社		

Q2. 2012年調査から残業時間の上限を引き下げた主な理由（13社中９社回答）	
中部電力	業務効率化の進展と、長時間労働の抑制で従業員の健康をより確保するため
ＮＴＴドコモ	上限を月100時間以下とすることを意識したため
大日本印刷	（前回調査時点で）上限が月200時間だった役員付き運転手は、１日の拘束時間のうち半分以上が待機時間だったため勤務実態に合わせて処遇を見直し、36協定の対象外とした。一般社員の上限は2015年４月から月100時間から80時間に引き下げた
匿名	労働時間の縮減を含む、職場環境の整備を会社の重要な課題の一つとして取り組んだ

Q3. 2012年調査から残業時間の上限を引き上げた主な理由（８社中３社回答）	
大和ハウス	繁忙期には上限に収まらない状況で、労基署に相談した結果、まずは三六協定を遵守することを優先し、協定の範囲を広げた
メーカー	新商品を導入する際の繁忙期などの実態を踏まえ、より適確な労働時間の管理・把握を行うため、運用基準の厳格化と併せて見直した
メーカー	決算等の業務集中時期においても全社員が上限時間を厳守するため

Q4. 長時間労働防止のため、どのような取り組みをしているか（99社中74社回答）	
アイシン精機	月の残業が２カ月連続で70時間を超えたら、翌月は45時間を超える残業は禁止
保険大手	午後7時半で社内のパソコンを一斉にシャットダウンするとともに自動的にオフィスを消灯して、強制的に帰宅させている
石油元売り	残業代の割増率を夜よりも朝のほうが高く設定している。この会社では、労働時間に対する仕事の達成度を人事評価に反映
電機メーカー	上司と部下が勤務実態をメール配信で「見える化」

図表10　企業へのアンケート（2014年、大手99社対象）

事業所を訪問して調査したところ、特別条項を結んでいた事業所は四〇・五％に上った。二〇〇五年度調査の二七・七％から大幅に増えた。特に大企業（従業員千人以上）は六二・三％が締結しており、「特別な事情」という制約はほとんど無きに等しい。中小企業では二六・〇％が特別条項を結んでいた。

特別条項で定めている残業の上限時間も延びる傾向にある。二〇〇五年度七十四時間三十三分だった一カ月の上限の平均時間は、二〇一三年度七十七時間五十二分となり、三時間以上も増えていた。上限時間にしても大企業のほうが高く、七十九時間四十四分とほぼ過労死ライン。中小企業は七十五時間十三分だった。

そして、特別条項の上限時間の延びに伴い、実際の労働時間も増加していた。従業員三百人以上の事務所で最も長く働いている人の一カ月の残業時間を平均すると、二〇一三年度は五十七時間五十四分。二〇〇五年度より二時間以上も増えていた。

†経団連「いざという時の保険」

二〇一四年の協定調査を元に、二〇一五年二月、経団連と連合に、それぞれ調査結果を示し、見解を尋ねた。調査した国内大手九十九社の多くは、両組織傘下の労使によって3

6協定が結ばれている。

経団連は、労働法制本部の川口晶本部長名でコメントした。

大手企業の七割が依然として過労死ライン以上の残業を認めていることについて、「企業は、自然災害や事故への対応、新規重要プロジェクトへの対応等、集中的に労働をお願いせざるを得ないケースを想定し、特別条項付き36協定の締結時間を一分でも超えて法令違反とならないよう、コンプライアンスの観点から、労使の話し合いと合意の下、締結時間を設定しております。いわば、特別条項付き36協定にはいざという時のための保険的性格があり、特別の事情が発生しなければ、特別条項付き36協定の締結時間まで時間外労働を恒常的にお願いするようなものではありません」としている。

経団連の取り組みにも触れ、「これまでも恒常的な長時間労働の抑制をはじめ働き方改革を会員企業に促しており、例えば年間の上限となる労働時間数を適切に設定することなども呼びかけています。加えて、今回の建議文（残業代ゼロ制度などを盛り込んだ労基法改正案に関する労政審の報告書）には、労働時間等設定改善指針に「特別延長時間の縮減に向けて取り組むことが望ましい」旨、盛り込まれましたが、法案成立後、こうしたことの周知もして参りたいと存じます」と答えている。

†連合「労組にも責任」

連合は、安永貴夫副事務局長が取材に応じた。

安永副事務局長は、36協定の調査結果について「大手の七割が過労死ライン以上というのは、全体的に長いという感想は持っている。長時間労働に依存している働き方は変わっていないという印象だ」と語った。

二〇一二年の調査から上限を引き上げた企業もあったことには「景気が回復して業務量が増えたこともあるのでは。だからいいという問題ではない。同業他社との関係でコストダウンばかりやって安売り競争になっていたので、新しい人を増やすよりも非正規を増やし、正社員の負担が増えている状況もあるのかもしれない」と分析する。

36協定は労使の合意によるものだ。安永副事務局長は「労働者の健康の歯止めという機能が足らなかった点で労働組合に責任は感じている。連合は以前から過重労働に問題意識を持ってきたが残念ながら、なかなか成果を見るに至っていない」と責任を率直に認める。「責任を感じているからこそ」として、二〇一四年十一月には傘下の職場で過労死ゼロ宣言を出し、二〇一五年の春闘では初めて産業別に労組で36協定の特別条項の上限を決めるよう方針を打ち出したという。

一方で、「日本の経営者は国に制限されるのをものすごく嫌う。とにかく自由にやらせてくれと。自由になっていない国と競争しているのにおかしいでしょ。諸外国は、日本よりも厳しい規制をしていますよ」と経営者側の姿勢にも疑問を呈す。

安永副事務局長は、安倍政権が導入を目指す「残業代ゼロ制度」の問題を取り上げ、「長時間労働から依存した働き方から抜け出さないといけないのに、それに反する政策を打とうとしている。法規制を緩めると、長時間労働に依存した働き方はますます深まる」と懸念する。「連合は残業代ゼロ制度の対象者だけでなく、すべての労働者に残業の上限規制、インターバル制度、年休取得を求めている。すべての労働者にそうした制度を取り入れた上で、過労死が少なくなってきた、撲滅できたとなってから、柔軟な働き方の議論があるのでは。過労死が増えたら誰が責任を取るのか。長時間労働に歯止めをかけるのが先で、順番が逆だ」と訴える。

†貧弱な日本の労働法制

「日本の労働法制は厳しすぎる」。規制緩和を訴える財界人がよく口にする言葉だ。

確かに、労働基準法では一日に働ける時間を八時間、一週間なら四十時間までと枠組みを定めている。それを超えて働かせること、つまり残業させるには、労使合意で上限時間について36協定を結び、書面を労働基準監督署に提出しなければならない。協定を結ばずに残業させたり、上限時間を超えて働かせたりするのは違法となり、罰則まで付いている。

日本の一日八時間・週四十時間という労働時間の基準は、フランスの週三十五時間には及ばないものの、ドイツの四十八時間よりも厳しい。

だからといって、日本の労働法制が厳しいとは言えない。

その理由として、まず日本には労働時間に絶対的な上限時間がない点にある。労使合意さえあれば、いくらでも働かせられる。これに対し、EU加盟国では、「残業も含めて週四十八時間まで」という上限時間が義務づけられている。EUでは絶対的な上限規制に加えて、一日単位でも労働時間を規制している。仕事が終わってから翌日の仕事を始めるまで十一時間の休息時間を設ける「インターバル制度」だ。

米国にはEUのような上限時間の規制はない。その代わり、米国では一日八時間を超えて働かせる場合、通常よりも上乗せした賃金、割り増し賃金を支払うという経済的プレッシャーで足かせをはめている。日本でも残業や休日出勤をした場合、通常よりも割り増しした賃金を支払うことになっている。36協定による上限規制がほとんど機能しておらず、実質、長時間労働抑止を割増賃金に依存している日本は、米国に近いと言えよう。ただし、割増賃金という経済的プレッシャーという点でも、日本の規制は欧米諸国に比べて貧弱だ。

日本では長らく何時間残業しようが、割増率は一律二五%だった。一九八五年の労基法改正で休日勤務に限り割増率が三五%に引き上げられた。月六十時間を超えて残業した場合に限り、残業代の割増率を世界水準並みの五〇%に引き上げたのは、わずか五年前。しかも、適用されたのは大企業だけで、中小企業は除外されている。二〇一五年四月に提案された労基法改正案で、二〇一九年四月から中小企業にも拡大することが盛り込まれた。

日本の労働法制は器だけ見ると厳格な制度に見えるが、中身はルーズなのである。

貧弱な規制であるが故に、労働法制に対する経営者の順法意識は低い。サービス残業や名ばかり管理職など、脱法が横行。近年では、働く人に過酷な労働を課し、使い捨てるような「ブラック企業」の存在も社会問題となっている。不正を監督する労働基準監督官は不足し、チェック機能も十分働いているとは言いがたい。

労使自治とは名ばかりで、経営者が労働法制を都合よく解釈し、労働者を搾取してきた。

戦後の高度経済成長時代は、好景気に支えられて終身雇用、定期昇給が機能していたため、労働者の生活が保障され、問題が顕在化しにくかったと言えよう。

†外圧による長時間労働抑制

一九八〇年代に働く時間を減らす取り組みとして「時短」という言葉が広がった。働き過ぎの日本人に待ったをかけたのは外圧だった。

日米貿易摩擦に端を発する日米構造協議で、米国から「日本は安い賃金で長時間労働をやるから、欧米より、いいものを安く作ることができる」と批判を浴びた。

当時、日本の年間の総労働時間は二千百時間前後と、欧米諸国に比べ圧倒的に長かった。一九八七年、米国から働き過ぎとの批判を受け、首相の諮問機関が「新前川レポート」をまとめる。政府はレポートを元に、年間の総労働時間を欧米並みの一千八百時間程度にまで削減する目標を掲げ、翌年に労基法を改正した。週四十八時間だった労働時間を段階的に週四十時間まで削減し、九〇年代には週休二日が普及した。

†掛け声で終わった時短

二十四時間戦えますか――。バブル絶頂期の一九八九年、こんな栄養ドリンク剤のテレビCMがはやった。やっと動き出した時短はバブル景気にかき消されてしまった。

一九九二年には企業への指導や助成金などの支援措置を盛り込んだ時短促進法が五年間の時限立法として施行された。

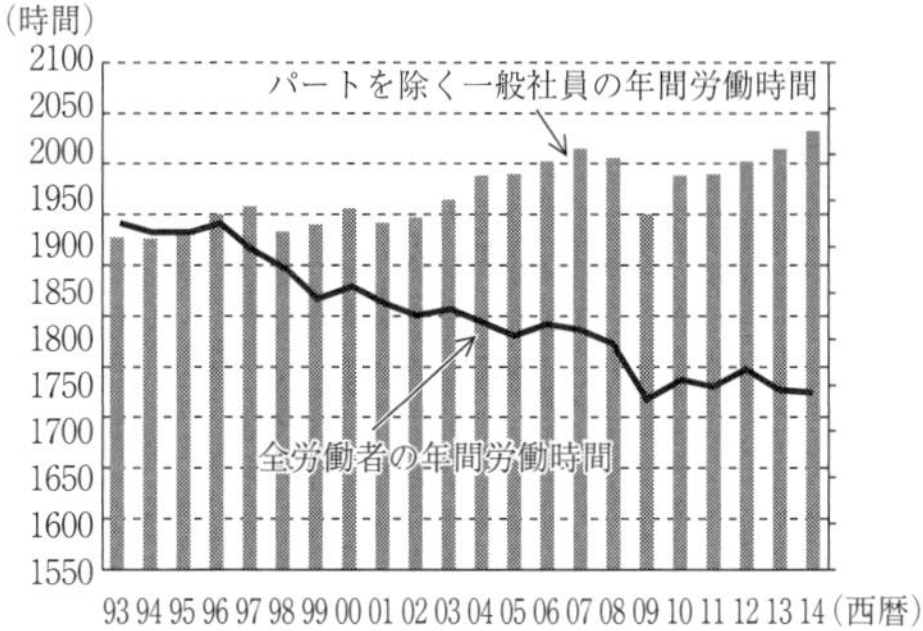

出所）厚労省の毎月勤労統計調査より

図表11　「正社員」の労働時間は依然高止まり

政府は時短促進法を延長したが、一律一千八百時間とする目標を取り下げ、企業各自で労働時間の設定を行う労使自治による時短に移行。時短の動きは尻つぼみとなっていった。

皮肉にも、年間総労働時間が一千八百時間を割ったのは、政府目標を取り下げた後の二〇〇九年。時短の成果というよりも、前年のリーマン・ショックによる不況の影響はぬぐえない。この総労働時間は、厚労省の毎月勤労統計調査の月平均の数字を十二倍して換算したもの。調査には働く時間が短いパート社員も含まれており、非正規雇用の拡大によって全体の労働時間を押し下げている側面もある。正社員に当たる一般社員に限れば、二〇一四年は二千十二時間に上っており、ここ十年以上、二千時間を超える高止まりの状態が続いている。

かつ一般社員の残業時間だけで見れば、リーマン・ショック後の二〇〇九年にはいったん減少に転じたものの、二〇一〇年から五年連続で増加している。二〇一四年は年百七十三時間と、過去二十年で最長となった。

†減らぬ過労死・過労自殺

高止まりする労働時間に、過労死や過労自殺も一向に減少する気配はない。

過労やいじめでうつ病など精神疾患を発症して労災認定された人は二〇一四年度、四百九十七人に上り、過去最多を更新した。過労自殺（未遂を含む）も最多の九十九人だった。労災認定された四百九十七人のうち、月八十時間以上の残業をした人が二百一人、月百六十時間以上も六七人に上った。

くも膜下出血や心筋梗塞など過労が原因とされる「脳・心臓疾患」で労災認定された人は二〇一四年度、二百七十七人だった。このうち過労死は百二十一人で、十三年連続で百人を超えた。

総務省の労働力調査によると、週六十時間以上働いている人の割合は、この二十年間、一割前後を推移している。週六十時間労働とは、週に二十時間残業している計算で、単純に一カ月で換算すれば過労死ラインの月八十時間を超える。いわば過労死予備軍だ。二〇一三年で過労死予備軍の割合は八・八%にまで下がったが、国内で四百七十四万人に上る。

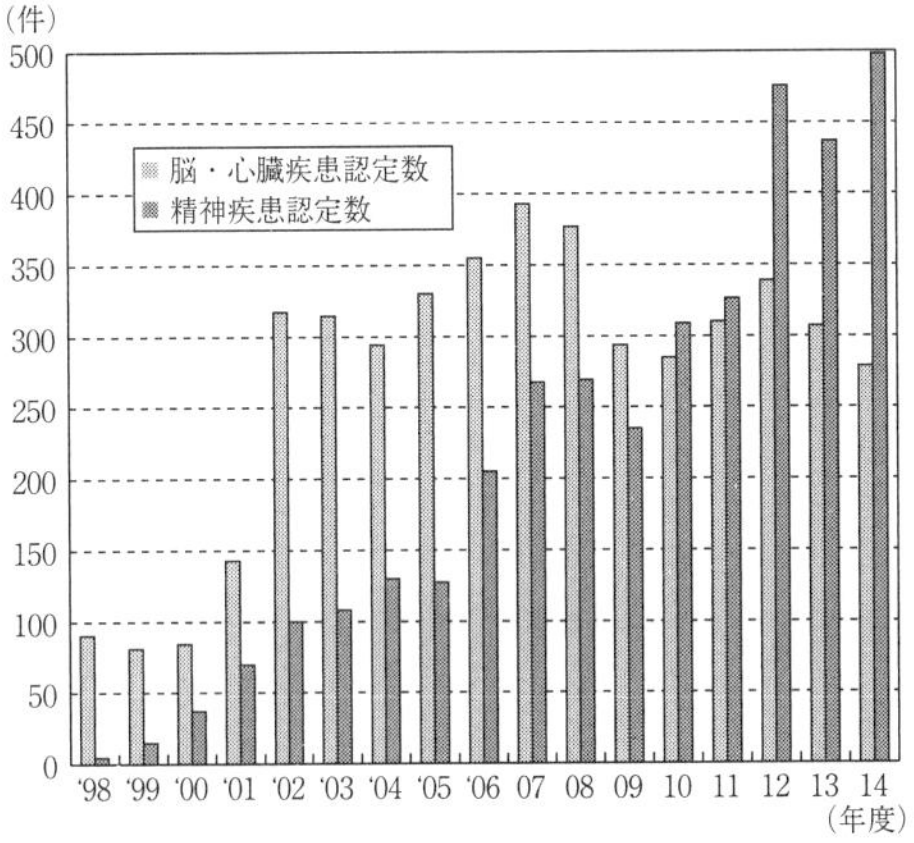

出所）厚労省まとめ

図表12　労災認定の推移

海外と比べても、日本の長時間労働は際立っている。

OECD（経済協力開発機構）によると、二〇一一年のデータで週五十時間以上働いている雇用者の割合は、日本が三一・七%（推計値）で、韓国の二七・七%（推計値）が続いた。米国でも一一・一%、英国は一二・一％だった。オランダに至っては〇・七％に留まる。

†厚労省にも危機感

働く環境の悪化に、行政も見て見ぬふりをしていたわけではない。

「厚労省でも過労死の数が増えてきたことから、問題意識はあった」。元厚労省労働基準局長の青木豊氏は振り返る。審議官だった二〇〇四年、残業規制に監督官の指導だけではだめだと思い、サービス残業撲滅の要項を作った。前年には、サービス残業への指導を強め、使用者に労働時間の管理を求めた「四・六通達」を出した。

この頃、労基法を今の時代に合うようにしようと、労基法改正論議が浮上する。二〇〇八年の労基法改正へとつながっていくが、一筋縄にはいかなかった。

青木氏は「使用者側は「制度を作っても事業を阻害するだけ。最小限でいい」という考え。入口から労使間で何を論議するかでもめた」と明かす。議論が集約されていった結果、労働者側からは長時間労働の抑制。使用者側からはホワイトカラー・エグゼンプションだった。第一章でも触れたが、ホワイトカラー・エグゼンプションは世論の反発を浴び、法制化を断念。一方、長時間労働の問題は、六十時間以上残業した場合、残業代の割増率を五〇％に引き上げることに決着した。

青木氏は「労使がガチンコになって、当初考えていた大きな器が小さくなった」と残念がる。「残業代の割り増しに手を付けただけでも意味が大きい。過去、手を付けようとしたができなかった。一歩でも二歩でも前進した」と労基法改正の意義を強調する。

その上で、上限規制には懐疑的な見方をする。

「手を付けたはいいが潜ってしまう可能性がある。使用者側が納得して守ってくれないと現実的に進まない。事業所は監督官の数から計算上、二十年に一回しか調査を受けない。潜ってしまうと不正をしても分からない」

†「感覚が麻痺」

日本労働弁護団副会長の鴨田《かもた》哲郎《てつお》弁護士は、長時間労働防止の取り組みを冷ややかに見ている。「制度を整えたが、会社側は時短を進めようという気もないし、労働組合もスローガンは掲げるけど、時短に本気になって取り組もうとしてこなかった」と。「労組が時短に本気で取り組まないのは、労働者から時短しろという要求が上がってこないから。過労死の遺族らがさかんに「過労死というのは限られた人の問題ではなく、みんなに降りかかってくる問題だ」と訴えているが、労働者自身が自分のこととして考えていない。確かに、今の日本の労働者は疲弊している。でも、どこか「自分とは関係ない」と思っている」と述べる。

その背景として、日本の労働者一人ひとりが、「働く時間というのは自分の時間を会社に売っている」とか「労働時間に対する労働者の権利を行使する」という意識がない点を挙げる。それは日本と海外との労働に対する意識の違いでもある。ある福岡の米軍基地の防音壁の工事のエピソードを引き合いに出し、「アメリカ人は正午になれば工事が途中でも仕事を止めるが、日本人は仕事が終わるまで休まないという話を他の弁護士がしていた。たぶん、日本人が仕事をほっぽっといて休んでいたら、周りから非難されるでしょ。自分の時間と会社の時間を区別する意識が根付かないと時短は無理だろう」と語る。

「日本の場合、労働法制もなってないし、労使の意識もなってない。「カネを稼げればいい」という意識に立ち、家庭や余暇などは二の次で高度経済成長を乗り切り、その余力で今も走り続けている。別に制度を変えなくても、現行の労基法を生かして少しでも実効性のあるものにしようという意識が今の監督官庁にも、労使にもない。感覚が麻痺している」と指摘する。

第四章　すさんだ職場

「機械みたいに生きてるわけじゃない」

ポップな曲調に乗せて、カラフルな衣装で着飾った人気歌手「きゃりーぱみゅぱみゅ」が歌う。今時の若い女性たちの本音を代弁した曲「もんだいガール」の一節だ。多くの共感を集め、二〇一五年、オリコンヒットチャートで最高二位を記録した。

第一章では、残業代ゼロ制度をはじめ、労働時間の規制緩和をめぐる政府や経済界の動きを紹介した。生産性を上げようと、労働者にさらなる成果を求めようとする経営者たち。そのために働く人たちの命や健康を守る規制まで、経済成長の邪魔だとして外そうとしている。働く人たちを追い立てて、ひたすら成果を求める姿勢は、まるで私たちに「機械になれ」と言っているようなものだ。

私たちは働くために生きているのではない、生きるために働いているのだ。

経済界は国内の労働規制の厳しさを口にするが、すでに今の制度でも、例外に例外を重ね、働く人たちを守る規制は骨抜きになっている。さらなる規制緩和は、私たちの職場に何をもたらすのか。この章では、働く現場をリポートし、安倍政権が進めようとする社会を占ってみたい。

†トヨタのエンジニアの過労死

「車を作り上げる喜びや、やりがいを感じ、仕事が止まらなくなるんです」

トヨタ自動車の技術者だった亡き夫の同僚が、仏前で山本令子さん（五三）＝仮名＝にこう告げた。

三万人以上の技術者が働くといわれるトヨタ本社（愛知県豊田市）の一角に建つテクニカルセンター。その七階にある通称「Z」と呼ばれる部署が、夫の職場だった。

Zとは、トヨタのさまざまな車種の技術者のトップが集まっている新車開発部門。エグゼクティブエンジニアという統括責任者のもとに、車種ごとにチーフエンジニアという責任者が置かれている。チーフエンジニアだった夫は、「カムリ」のハイブリッド車開発のあらゆる工程にかかわっていた。企画開発、生産、品質管理、部品一個にまで及ぶ原価計算まで、各部署に指示しながら開発を進めていく。夫は入社以来、一貫して開発畑を歩んできた。二十代後半からは電気自動車の開発に関わり、トヨタの中でも、ハイブリッド車に精通していた数少ない技術者だった。

二〇〇六年の元日は、家族で初詣に行き、久々の家族団らんのときを過ごした。翌日は朝から雨だった。午前十時になっても夫が起きてこないので、長女が二階の寝室に起こしに行くと、すでに夫は布団の中で冷たくなっていた。四十五歳、虚血性心疾患。米国でのカムリの完成発表会に出発する前日のことだった。我が子のように手塩にかけた新車が、日の目を見る直前の死。車が好きでトヨタに入社した夫にとっては無念だったろう。

Zは花形の部署であると同時に責任は重い。当時の上司は「チーフエンジニアとは小さな会社の社長のようなもの」と、山本さんに語ったという。

各部署との折衝に、分刻みの会議。納期に追われ、一円単位で原価を切り詰める。カムリの開発を担当していた二〇〇五年、夫は午前七時半頃には家を出て、その日のうちに帰ってくればいいほうだった。米国出張も多く、日曜の夜に日本に帰国すると、翌朝の月曜には会社に出勤していた。そこまで遮二無二働いていても、夫は「仕事が多くて時間内に処理できない」とこぼしていた。

山本さんはいつも夫に弁当を持たせていたが、手付かずのまま持ち帰ってくることもたびたびあった。本社勤務になってから、一緒に晩ご飯を食べることもなくなった。少しでも栄養を付けてあげようと、一日のうち唯一、一緒に食卓を囲む朝食に豚カツや肉料理を出していた。

「今日もアドレナリンが出っぱなしだった」。生前、帰宅するなり夫はそう笑っていた。かつての上司は「Zの職場の仕事量は多かった。ただ、本人はすごく生き甲斐を感じてがんばっていた」と打ち明けた。やりたい仕事、男の生き甲斐。本人は本望だったかも知れない。だが、夫の死は仕事が原因だとして労災が認められた今でも、家族には、やりきれなさが残る。

夫が亡くなって一、二週間後、トヨタの社員二人が自宅に来て開口一番こう言った。

「奥さん、労災は申請しませんよね。そんなことしても何もいいことないですよ」

山本さんは「夫の死は夫だけのせいなの。職場は常に興奮状態で、自ら追い込んでいく。麻痺しているから、どこまで働いたら限界なのか自分でも分からない。だからこそ会社がストップをかけないと。トヨタは、あれだけ車の安全性、安全性って言いながら、社員の安全はどこまで考えているのか」と訴える。

†「韓国と年間一千時間違う」

二〇一一年八月のトヨタの四半期決算の会見。伊地知隆彦専務（当時）から「韓国のホワイトカラーと年間総労働時間が一千時間違う人もいる。若い人たちに時間を気にせず働いてもらえるような制度を早く入れてもらわないと、日本のものづくりは十年後には大変なことになる」との発言があった。大幅な残業もいとわず開発に力を注ぐ韓国の現代自動車を引き合いに、政府に労働時間の規制緩和を迫るものだった。

二〇一一年当時、国内の製造業は二〇〇八年のリーマン・ショックによる不況から、いまだ抜け出せずにいた。そこに超円高や東日本大震災が追い打ちをかけた。激しい国際競争の中、各企業は大量の整理解雇に踏み切ったり、工場を海外移転したりして生き残りを賭けて躍起となっていた。トヨタも、単体では二〇一二年三月期決算で四年連続赤字を計上していた。

この頃、国内企業を取り巻く六つの窮状を評し、経営者らが口にしていたのは「六重苦」という言葉だ。円高、電力不足、温暖化ガス規制、法人税、貿易自由化と並んで、窮状の一つに挙げていたのが、日本の労働規制の厳しさだった。

第一次安倍政権下で、一部のホワイトカラーを労働時間規制の対象から外すという日本版ホワイトカラー・エグゼンプションの導入が検討されたが、世論の激しい反発を受け、頓挫していた。決算会見での伊地知専務の発言は、「残業時間の制限など労働規制が成長の足かせ」という経済界の本音の表れでもある。

†トヨタも規制緩和へシフト

トヨタを長年取材してきた旧知のフリージャーナリストが言っていた。「トヨタという会社を見れば、日本の会社が分かる」と。

安倍政権の労働時間の規制緩和は、効率よく働き、労働生産性という企業の稼ぐ力を高めるのが狙いだ。夫を過労で失った山本さんの思いとは裏腹に、トヨタでは国に先んじて効率的な働き方を進めている。安倍政権で、残業代ゼロ制度をはじめ労働時間の規制緩和の動きが本格化する三年も前のことだ。

トヨタでは、賃金だけでなく働き方についても労使が委員会形式で話し合っている。二〇一一年春の労使協議会で、「円高などがあり、労働環境を見直して国際競争力をつけないと世界で戦えない」という話が持ち上がった。トヨタの広報担当者は「多様な働き方に合わせて、一人一人の働き方を変えないといけないという議論になった」と補足するが、つまりは、前述の伊地知専務が語っていた「時間を気にせずに働いてもらう」ためのルール見直しだ。

焦点となったのは、トヨタでもホワイトカラーだった。中でも、山本さんの夫のような新車の立ち上げにかかわる技術者たちの働き方だ。一定期間集中して働ける環境をつくることで、開発力を高めて国際競争力を維持しようという狙いがあった。

トヨタでは一年近くにわたる労使協議を経て、二〇一一年十月から二〇一二年一月にかけ、ホワイトカラーの働き方を次々と見直していった。もちろん国内の法律で認められている範囲内でのことだ。

†残業延長手続きを簡略化

まず、トヨタが手を付けたのは、残業時間を延長するための社内ルールだ。それまでは、年三百六十時間を超えて残業させる場合、事前に労使間で協議する必要があった。職場ごとに所属長が社員の残業延長の理由を記した書類を労働組合に申請する社内ルールになっていた。二〇一一年十月から、事前協議を廃止し、年度が終わってから、まとめて勤務実態を労使間でチェックする「事後確認」の方式にあらためた。

トヨタの広報担当者は「一人一人の働き方というのは、部署ごとで違う。一人一人に合った働き方をすることで仕事にメリハリが生まれる。生産需要に応じ、働きたいとき、働く必要があるときに働けるような柔軟な働き方を進めないと世界で戦えない」と説明する。

残業の延長手続きの簡略化は、長時間労働を助長する恐れはないのか。こう質問すると、トヨタの広報担当者は「別に事前にやっていた手続きを止めるというのではない。翌年の四、五月に一括して事後フォローをやる制度。やったらやりっ放しだったのを、後で検証し対策を取るようにする」としている。加えて、社員の健康管理については「残業時間が一定時間を超えると健康診断を行うようにしており、日常のマネジメントで社員の健康をチェックするようにしている」と答えた。

強制的に休暇を取らせるルールも緩和した。従来では、残業が月四十五時間を超えたら、延長した残業が八時間を超えるごとに翌月、強制的に休みを一日取らせていたが、三カ月で残業が百三十五時間を超えたら休みを与えるように幅を持たせた。トヨタの広報担当者は「二、三カ月のスパンに延ばしたのは、一カ月のスパンだと業務で忙しいと休めないから。無理矢理休むと、仕事をやりたいときにやりきれないということが起こってくる。幅を設けて、少し緩くしている。働きたいときや、働く必要があるときなど、柔軟な働き方をして、きちんと成果を出すため。メリハリをつけて働けるようにするため」という。

†裁量労働制も対象拡大

「残業代ゼロ制度」と並び、安倍政権で労働時間の規制緩和策として適用拡大を図る裁量労働制についても、トヨタは二〇一二年一月、厳格に適用していた社内ルールを緩め、対象者を広げた。

トヨタはルール改正前に組合資料で、適用拡大の理由を次のようにうたっている。

「現在の厳しい競争環境下で勝ち抜いていく為には、実務の中心を担う主任職（注　係長クラス）が、裁量度を持って、限られた時間の中で生産性を上げ、個人としてもチームとしても、成果を最大化していくことが必要」

かつてトヨタでは、裁量労働制について本社の企画や研究開発など一部の部署に限って取り入れていた。二〇一二年のルール改正で、本人同意を前提に、ホワイトカラーが働く全部署に対象を拡大した。部署ごとに適用の有無を判断していたやり方から、社員一人一人の働き方に応じ、個人単位で適用するかどうかを判断する運用に改めた。

裁量労働制は、仕事の進め方などを社員に任せる代わりに、あらかじめ設定した時間の分だけ働いたとみなす制度で、働いた時間よりも成果に重きを置いた働き方だ。残業延長手続きの簡略化が「労働の量」を増やすためのルール変更なら、裁量労働制の適用拡大は「労働の質」を高めるためのルール変更と言えよう。

トヨタの働き方に詳しい愛知東邦大経営学部の浅野和也准教授は、「トヨタは国の制度を先取りしていて、法律の後押しを待っている。二〇一二年の裁量労働制の見直しも、その布石に近い」と分析する。労働基準法が改正された場合、トヨタも取材に「具体的数値は算出していないが、(裁量労働制の対象社員は)増加する見込み」と認めている。

†増加に転じた残業時間

社内ルールの緩和に舵を切った結果、トヨタの職場はどう変わったのだろうか。トヨタは取材に詳細を明らかにしていないが、組合資料から、その一端が垣間見える。

トヨタでは、二〇〇〇、〇三年と相次ぐサービス残業の発覚などを機に、残業抑制を推進。二〇〇三年度の一万人超をピークに、残業が年間三百六十時間を超える社員数は、〇五年度には約千三百人にまで激減した。トヨタの広報担当者は、「右肩上がりの時代に残業をどんどんやって、社員に負荷があった。負荷が高すぎても大変。より厳格に管理を強化しようと、制度変更などの変化があった。私どもは「負荷の適正化」と言っているが、その取り組みが功を奏したのだと思う」としている。

しかし、リーマン・ショックの影響が和らいできた二〇一〇年度から、再び長時間労働する社員が目立ち始める。二〇一一年秋に残業の延長手続きを簡略化して以降も、残業が年三百六十時間を超える社員の数は増え続けている。

二〇一三年度は四千人を突破。二〇一四年度は四千四百八十四人に上った。かつて主流だった工場勤務のブルーカラーに代わって、現在はホワイトカラーが大半を占めるようになっている。二〇一四年度では、九割弱に当

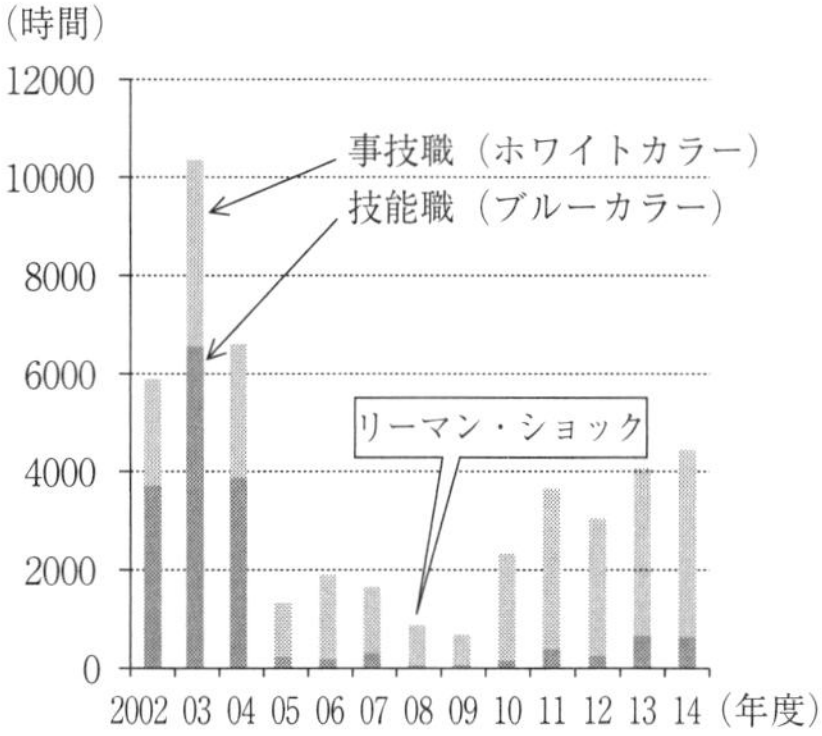

出所）トヨタ自動車労働組合の資料より

図表13　トヨタで残業が年360時間超えの社員数

たる三千八百四十人がホワイトカラーだ。

裁量労働制で働く社員も増えている。

組合資料によると、ルールが改正された二〇一二年一月時点では、一千四百二人（企画業務型二百六十七人、専門業務型一千百三十六人）だった。二年半たった二〇一四年九月時点では三百人近く増え、一千六百八十七人（企画三百八十一人、専門一千三百六人）を数える。

†高まる負荷

徹底的に無駄を排除する「トヨタ生産方式」はホワイトカラーも同じだ。あるトヨタ社員は「一年に特許を十件出せなどとノルマが課され、プレッシャーは大きい」と明かす。

グローバル化が進み、さらにホワイトカラーへの負荷は高まっている。

社内ルールを緩和して三年余り。私は二〇一五年五月、あらためてトヨタに対し、社内の労働環境はどうなったのかを尋ねた。

トヨタは「メリハリのある働き方が促進されたと考えている」と改正の効果を強調し、社員の健康面への影響についても「全社的に特に労働時間が長くなったことはない。悪影響が出た事例はない」と答えた。

ただ、組合資料からトヨタの働き方を検証すると、違った一面も見えてくる。

二〇一五年二月の36協定に関する労使協議で、労働組合から残業の上限時間の引き下げを求められた会社側は、こう拒絶した。「所定外労働時間（残業）が年間五百時間を超える人が相当数に上った。今年度（二〇一五年度）も同様の状況が見込まれている」

また、このときの労使協議で、会社側は「所定外労働時間は、事技系（ホワイトカラー）職場では全体的に負荷が上昇していると考える」と過重労働を認める発言までしているのだ。ただし、会社側は「リソーセス（人材）に関しては、過去の拡大とその後のリーマン・ショックに対する反省から、むやみに増やせない」と、あくまでも採用増には慎重な姿勢をみせている。

裁量労働制についても職場への負荷が労働組合から指摘されていた。

二〇一四年一一月の労使委員会では、この年の四～九月の裁量労働制の運用状況が報告された。組合資料によると、超過在社時間（残業）が最も長かった社員は、一カ月百二十七・九時間も働いていた。残業が月八十時間を超えるなどしたため健康診断を受けた社員は、裁量労働制で働く一千六百八十七人のうち半年間で延べ三百三十二人に上った。

社員のメンタルヘルスにも影を落としている。

詳細な数値は明らかにされていないものの、組合資料によると、会社全体で二〇一四年にメンタル不調で新たに休業した社員は、二〇一二年に比べ五%増加、メンタル不調が再発して休業した社員も、二〇一二年に比べ九%増加していた。

下請けも疲弊

トヨタは二〇一五年三月期決算で、ついに純利益が過去最高の二兆円を突破した。

だからといって、国内工場が連日フル稼働で生産しているわけではない。今や海外生産が進み、国内工場が増産に追われるのは新車の登場やモデルチェンジの際の一時的なものだ。そんなときでも期間工を募集したり、他の工場から応援要員をもらったりするため、トヨタのブルーカラーでは今や長時間残業はほとんどないという。

しかし、下請けとなれば事情が異なる。

トヨタ関係者によると、従業員百人以下の中小下請けでは長時間労働が蔓延しているという。理由はこうだ。一次、二次下請けまでは設備更新できるが、三次以下の中小零細企業は余力がない。そのため、一次、二次が使っていた古い設備を借りて生産している。当然、老朽化しているので故障しやすく、不良品も多く、仕事の効率は悪い。

いくらトヨタの国内生産が昔に比べて減ったといえども、親会社の発注に応えるには残業しないと回らない。加えて、近年の人材不足だ。ある中小下請けでは、従業員二十五人中正社員は三人だけ。残りの非正規社員二十二人のうち、十五人が外国人だという。

†「夫の死、何だったのか」

トヨタのホワイトカラーの働き方の見直しについて、労働団体「愛知労働問題研究所」（名古屋市）の伊藤欽次元副所長は、「いくら会社が優秀な技術者を働かせたくても、労使協定が足かせだった。技術者をどんどん働かせて開発期間を短縮し、コストを抑えたいという会社の本音だ」と指摘する。実際、以前に比べ開発期間は五〜六年から一〜二年に短縮しているという。伊藤元副所長には、過剰な負荷が、社員には過労死、商品にはリコールという形で露見しているように思えてならないという。

トヨタでは二〇〇〇年以降、公になっているだけでも三人の社員が過労死・過労自殺し、労災に認定されている。トヨタの労働問題に詳しい猿田正機・中京大学名誉教授は「国際競争にさらされ、労働の密度、量とも負荷は高まっている。利益追求のあまり社員の健康管理がおざなりにならないか」と懸念する。前述の山本さんの夫は、裁量労働制に近い「フレックスタイム制」という働き方をしていた。あらかじめ決めた労働時間の範囲内で出退勤の時間を本人が選べるため、仕事量に応じてより柔軟に働ける反面、働きすぎを助長する危険もはらんでいる。事実、夫は過労で倒れた。山本さんは悲しそうにつぶやく。
「夫の死は何だったんでしょうね。会社は何も学んでない」

†裁量労働制、増加の一途

二〇一五年の通常国会で労基法が改正されれば、二〇一六年四月にも裁量労働制の適用が拡大される。裁量労働制は、実際に働いた時間にかかわらず、あらかじめ設定した時間だけ働いたとみなして賃金を支払う代わりに、仕事の手順や時間配分を従業員に任せる働き方で、成果主義の色合いが強い。適用拡大は経済界からの強い要請に基づくものだが、導入以来、年々増えており、二〇一三年は一万一千件を超え、過去最多になった。

裁量労働制は、残業代ゼロ制度のように職種の限定はあるが、年収要件はない。研究開発や取材・編集、ソフト開発など十九種類の特定業務に適用される「専門業務型」と、本社で事務系の企画・調査などを担うホワイトカラーに適用される「企画業務型」の二種類がある。専門業務型は一九八八年、企画業務型は二〇〇〇年に導入された。

全国の労基署への届け出数をまとめた厚労省によると、二〇一三年は、前年より一千三十二件増の一万一千三十二件。内訳は、専門業務型が八千三百六十二件、企画業務型が二千六百七十件だった。専門業務型は過去十年で三倍、企画業務型は二〇〇四年の適用要件緩和で、翌年は二倍に膨れ上がった。

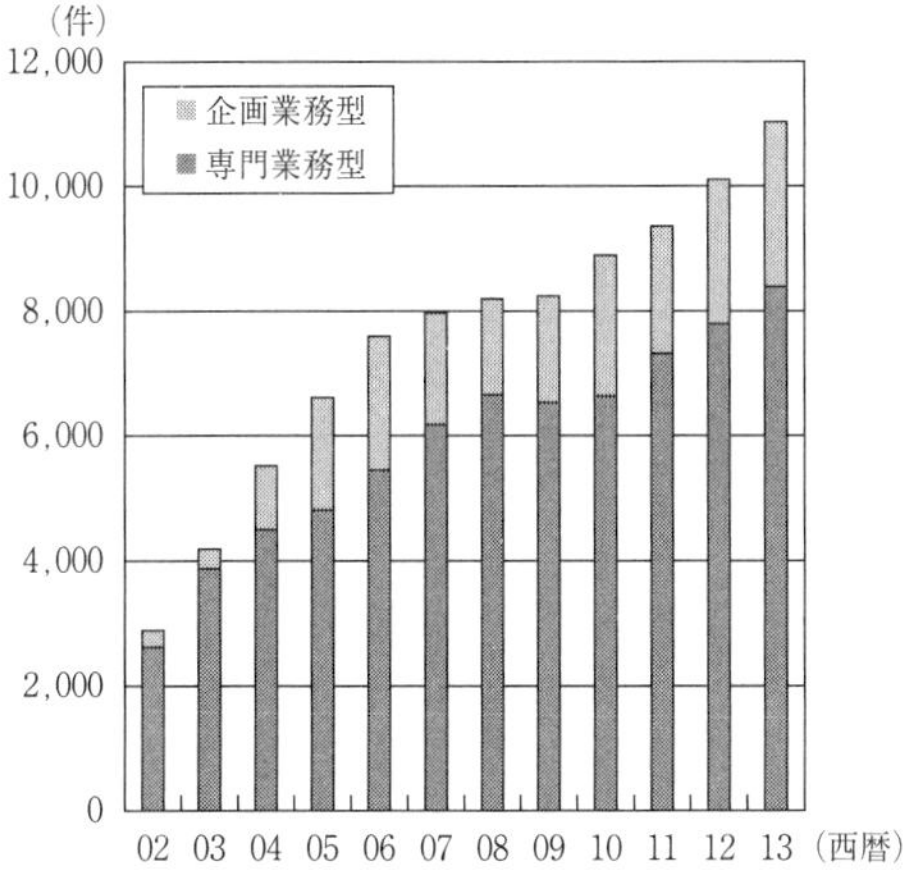

出所）厚労省まとめ

図表14　裁量労働制の届け出数

それでも二〇一三年時点で、専門業務型を導入している企業は全体の二・二%、企画業務型は〇・八%しかない。企業の規模が大きいほど導入している割合は高く、従業員一千人以上の企業では、専門業務型で七・二%、企画業務型で四・七%。経済界は、導入手続きの煩雑さや対象者が狭いことが普及を妨げていると主張しており、それが二〇一五年四月提出の労基法改正案に盛り込まれた対象職種の拡大と、手続きの簡素化につながった。

裁量労働制は、いくら働いても労使で合意した労働時間分の賃金だけを払えばいいため、経営者は残業代削減という側面に目が行きがちだ。

企業からの労務相談を手掛ける窪田道夫・特定社会保険労務士は「残業代削減の逃げ道として、裁量労働制に切り替えている」と話す。景気低迷が続き、どの経営者もコスト削減に腐心している。窪田氏も顧客から残業代削減の相談を受けることは多いという。

労働政策研究・研修機構の濱口桂一郎統括研究員は「IT業界の拡大に伴い、制度を使うIT企業が全体の導入件数を押し上げている」と分析する。

システムエンジニア（SE）のようなシステム設計業務は、専門業務型の対象業種に含まれる。二〇一四年の就労条件総合調査によると、専門業務型の業種別導入率は、情報通信業が一八・一％と飛び抜けており、学術研究（七・六％）、建設業（三・七％）、製造業（三・三％）と続く。

比較的導入率の高いIT業界だが、裁量性の低いプログラマーなどにも制度を適用する企業もある。濱口氏は「IT関係者自身、裁量労働制の導入には無理があると言っている。

専門業務型裁量制のあり方について再検討する必要がある」と指摘する。

†悪用相次ぐIT業界

　裁量労働制の導入が広がる中、ＩＴ業界では経営者が都合のいいように制度を悪用するトラブルが後を絶たない。「ＩＴ企業は残業代が出ない」という誤った認識が、業界では半ば常識のようにはびこり、過酷な労働環境を生む温床になっている。

「裁量労働制だから残業代は出ない」。神奈川県内のシステム開発会社に勤めていた四十代のプログラマーの男性は会社から採用時にこう説明された。

「情報処理システムの分析・設計」を統括するシステムエンジニア（ＳＥ）は、裁量労働制の対象だが、プログラマーは対象外だ。このプログラマーの場合、実際の勤務は朝九時に出社し、上司の指示通りに業務をこなす。自分の裁量はほとんどないのに、無理な納期を強いられ、長時間労働が慢性化していた。入社三年後の二〇一〇年九月、過労からうつ状態になると解雇を言い渡された。

　個人加入できる労働組合「プレカリアートユニオン」（東京）の清水直子書記長は「裁量労働制といっても上司の指示で仕事をしている人がほとんど。残業代を払わない口実に使われている。中には、裁量労働制だと言いながら、労働基準監督署に届け出もしていない企業がある」と話す。

プログラマーの男性は会社と団体交渉し、二年分の残業代と退職補償金が支払われた。

†司法も警鐘

裁量労働制の安易な適用には司法も警鐘を鳴らしている。

大阪高裁は二〇一二年七月、三十代の元SEの男性に裁量労働制を適用したIT企業「エーディーディー」（京都市）に対し「適用要件を満たしていない」として、残業代など約九百万円の支払いを命じた一審判決を支持した。

会社は一日の労働時間を八時間とみなし働かせていた。会社側は元SEに「SEの肩書を付けとけば、残業代払わんでもいい」と言ったという。高裁はSEと言いつつ裁量の低いプログラミング業務やノルマのある営業活動まで課していたことから「裁量労働制にはあたらない」とみなした。会社は上告せず、判決が確定した。

元SEは過労でうつ病を発症し、労災も認定された。退職前の残業時間は最長で月百五十三時間に上った。厚生労働省は二〇〇三年、裁量労働制でも会社は従業員の健康に配慮するよう通達を出している。今回の高裁判決では、会社の安全配慮義務違反も認められた。裁量労働制の適用は、労使合意が必要だが、元SEは「勝手に労働者代表にされ、会社が一方的に決めた内容に署名させられた」と明かす。

判決確定後の二〇一三年二月、エーディーディーの社長は、取材に「現在のコンピュータシステム開発、及びシステムエンジニアの業務実態を裁判所が理解できなかったこと、また、我々も彼らに伝えきれなかったことに対し、非常に遺憾に感じています」と回答。「裁量労働制の対象外の業務に従事させていたわけではなく、システムエンジニアの範疇の業務に従事させていたという認識です」とし、脱法の意図はないとした。

元SEの代理人だった塩見卓也弁護士は「裁量労働制なら時間管理しなくてもいいと誤解している経営者も多く、悪用の余地も大きい。労使で定めたみなし労働時間と実際の労働時間の乖離が激しい場合は、適用を認めないといった規制が必要」と話す。

†いつか来た道

「ホワイトカラーの生産性を向上させないと国際競争に勝てない」「効率的に仕事ができるようになるので子育て中の女性たちにも朗報だ」――。これは二十年近く前の経済界の発言だ。裁量労働制の適用拡大を求めて、厚労省の審議会などで主張していた。どこかで聞いたことのあるフレーズではないだろうか。そう、今回の残業代ゼロ制度導入の主張そのままだ。

裁量労働制も当初はきわめて専門的な職種にしか適用されていなかった。労働時間の規制緩和を求める経済界に応じるかたちで、裁量労働制は適用範囲を徐々に拡大してきた。その結果、どうなったのか。

二〇一三年の労働時間等総合実態調査によると、多くの事業所で、専門業務型、企画業務型のいずれも、事前に労使間で決めたみなしの労働時間よりも、実際の労働時間のほうが上回っていた。一日の実労働時間が十二時間を超える労働者がいる事業所も、五〇%前後に上っており、労働界の懸念が現実のものとなっている。

労働政策研究・研修機構が二〇一三年に行った調査で、裁量労働制で働いている人に働き方の満足度を尋ねている。

仕事を効率的に進められ、労働時間が短くできたかを質問すると、専門業務型で四九・一%、企画業務型で三八・三%が「あまり期待通りになっていない」と答えた。効率的な働き方とはほど遠い実情が浮かび上がった。

第二章でも取り上げた裁量労働制の調査からは、裁量とは名ばかりの実態もうかがえる。

調査結果によると、出退勤の時間や仕事のやり方を労働者に任せる制度にもかかわらず、決まった時間に出退勤するよう求められている人が、企画業務型で四九・〇%、専門業務型で四二・五%を占めていた。遅刻した場合、上司に注意されると答えた人は、両タイプとも四〇%超あり、懲戒処分や賃金カットとなるケースも一五%前後に上った。

現状の制度でも、仕事量や仕事の仕方に十分な裁量を与えられないまま、求められた成果をこなすために、長時間労働にならざるを得ない状況に追い込まれている。

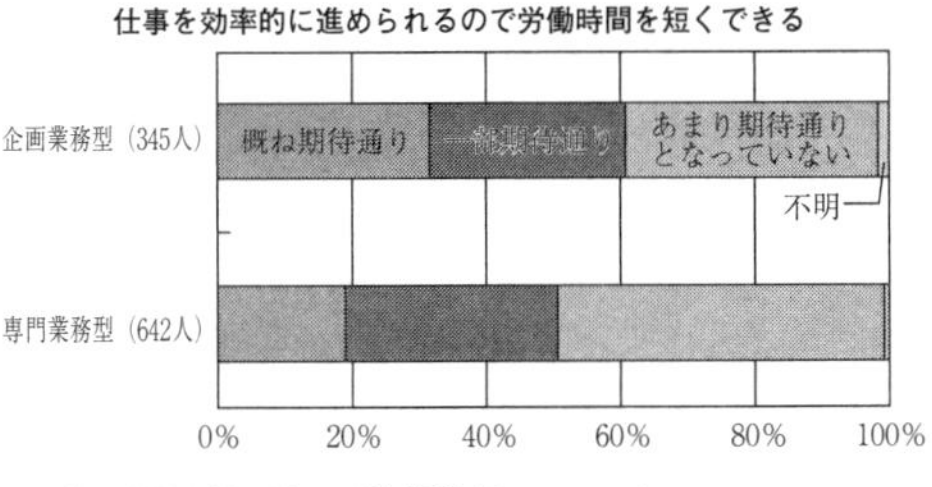

出所）労働政策研究・研修機構調べ、2013年

図表15　裁量労働制になれば仕事を効率的に進められて労働時間を短くできる

†裁量労働制で過労死も

裁量労働制で働く人が、過労から命を落とすケースも起こっている。

東京新聞が二〇一五年五月六日の朝刊や同月十二日の夕刊で、証券アナリストとして働く男性（当時四七）の過労死を取り上げている。東京新聞によると、この男性は東京都内の金融コンサルタント会社で、市場の動向を分析し、顧客にレポートを送る仕事に就いていた。二〇一三年七月、仕事を終えた後に心室細動で倒れ、翌日亡くなった。二年後、三田労基署は過労死として労災認定した。

男性の残業時間は月四十時間とみなされていたが、遺族側の独自調査によると亡くなる前の半年間の残業時間は月八十〜百三十時間に上っていたという。東京新聞は男性の働きぶりを次のように報じている。

「倒れた日も、午前六時から自宅で市況の分析などを配信していた」「毎朝三時半に起き、自宅で情報を集めて午前六時半に出社。帰宅は午後七時ごろ。土曜も仕事に没頭した」

リポートを決められた時間に送らなければならず、実質的に男性の働き方に裁量はなかった。会社側は「任意でやったこと」と主張していたそうだが、男性の妻は「夫は「しんどい」と繰り返していた」と東京新聞の取材に答えている。

早くから裁量労働制を積極的に導入してきた損保業界でも弊害が出ている。

各企業の本社が集中する東京労働局管内では二〇〇六年、四百九十三の事業所から企画業務型の届け出があった。そのうち集計可能な四百八十件の内訳を業種別で見ると、百十四件と飛び抜けて多かったのが損保業だった。

損保会社の労働組合でつくる「全日本損害保険労働組合（全損保）」（東京）によると、損保業界では、本社の企画部門のホワイトカラーを対象とする企画業務型が導入された二〇〇〇年以降、成果主義と併せて導入する企業が増えた。対象とする社員の範囲も広がり、最近では、入社二年目から適用しているケースが目立つという。全損保の調査では、裁量労働制の普及に伴い、業界内でメンタル不調者は年々増えている。長期療養者に占める割合は二〇一三年で五割を超えている。

全損保の浦上義人中央執行委員長は「保険の見積もりに毛の生えた程度の業務なのに、会社は「それも企画立案だ」と拡大解釈する。社員は疲弊し、成果主義的な人事評価への不満もくすぶっている。政府は労働規制の緩和で生産性が向上するというが、損保業界の実態をみれば首をかしげたくなる」と話す。

†「名ばかり管理職」今も

十三カ月で休みは三日。残業代はなし。

茨城県笠間市の和菓子メーカー「萩原製菓」の男性社員（当時三〇）は二〇一一年八月、

帰宅後に倒れ、心室細動で亡くなった。死亡直前の残業は月百時間を超え、二〇一二年三月に労災が認められた。会社は、残業に必要な36協定を結んでいなかった。会社は「管理監督者だったから」と水戸労働基準監督署に強弁した。

水戸労基署によると、男性は肩書こそ製造本部長だったが、仕事は出荷管理で、自ら菓子店に卸すこともあったという。労基署は「管理監督者には当たらない」として、昨年十月、労基法違反の疑いで、萩原製菓の会長と社長を書類送検した。

年収が高く、専門性の高い職種に限って労働時間の規制から外す、つまり一日八時間を超えて働かせても残業代を支払わなくてもいい「残業代ゼロ制度」が新たに導入されようとしている。実は、労働時間規制の適用から除外されている人たちは、すでに日本で一定数存在している。それが管理監督者。一般的に「管理職になったから残業代が出ない」と言われているものだ。ただし、まったく残業代が出ない残業代ゼロ制度の対象者と違って、午後十時〜翌朝五時までの深夜労働には深夜手当は出る。

残業代の支払いが免除される管理監督者は、厳密には管理職とはイコールではない。厚労省は通達で「経営者と一体的な立場にあり、人事や労働条件の決定権限が与えられている」「出退勤が自由」「一般の従業員より賃金が高い」といった要件を示している。未払い残業代の請求をめぐって管理監督者に当たるかどうかが争われた裁判では、管理職であっても管理監督者とは認めず、残業代の支払いを命じる経営側に厳しい判断が相次いでいる。管理監督者の要件を満たしていないにもかかわらず、不当な運用で残業代を支払わない、いわゆる「名ばかり管理職」問題だ。

「名ばかり管理職」という言葉は、二〇〇八年一月、東京地裁が日本マクドナルドの店長を「管理監督者に当たらない」と認めた判決で世間の注目を集めた。残業代を削るために、実態が伴わなくとも「管理職」の肩書を与える——。判決から七年余がたつ今も、個人加盟の労働組合「東京管理職ユニオン」には名ばかり管理職への相談が後を絶たない。

残業代ゼロで死ぬまで酷使する。名ばかり管理職の問題は、今の残業代ゼロ制度にもつながる。鴨田哲郎弁護士は「マック判決はファーストフード業界の話で終わってしまった。「名ばかり管理職」は、特定の業界に限った問題ではない。日本のホワイトカラーの働き方、管理職の処遇にどう影響するかの検証がされなかった」と指摘する。

†違法野放し、また例外

中ノ郷信用組合（東京都墨田区）の元社員小池正明さん（六二）も、東京管理職ユニオンに相談してきた一人だ。

得意先の中小零細企業を大手銀行に奪われ、信組も融資が伸び悩む。組織のスリム化で課が統合、小池さんは七年前、経理課長から部下のいない平社員に降格された。だが、給与ランクは七等級のまま。七等級以上は一律に管理監督者とされ、役職手当の代わりに残業代は出ない。決算前の残業は月百時間を超えたが、小池さんに残業代は出なかった。

小池さんの役職手当は最低の月二万五千円、〇八年度の年収は約六百八十万円。残業代が出る一ランク下の社員十八人のうち十一人が小池さんの年収を上回り、最大で約百万円の開きがあった。

信組は、マクドナルド判決後も労働条件を改めなかった。

小池さんは二〇一一年五月、未払い残業代の支払いを求めて東京地裁に提訴。昨年七月、信組が二百九十五万円を支払うことで和解が成立した。信組は「給与待遇を見直したい」と答えている。小池さんは「収益確保のために制度を悪用して人件費を削る。従業員の弱みにつけ込む会社は結果的に駄目になる」と憤る。

二〇一二年、上場企業二百二十四社に行った民間調査では、五一・〇%の企業が課長代理クラスに残業代を支払っていなかった。厚労省が示す要件と照らし合わせると、会社経営に関与するような立場からほど遠い課長代理は、名ばかり管理職の可能性が高い。

管理監督者の適用には、労基署への届け出は必要ない。神戸大法学部の大内伸哉教授は「国の管理監督者の要件があいまいで、法の趣旨に反した拡大解釈を生み、違法行為を助長している」と指摘。残業時間の上限を定める36協定のように、事業所ごとに労使間で具体的に管理監督者の適用範囲を決め、労基署に届け出る制度を提案する。

名ばかり管理職の問題を放置したまま、安倍政権は、労働時間規制の例外をさらに広げようと、「残業代ゼロ制度」の導入や裁量労働制の適用拡大ももくろむ。名ばかり管理職では、あいまいな要件が不正を生む温床となっているが、「残業代ゼロ制度」でも経営側が拡大解釈して不当に対象を広げる危険をはらんでいる。東京管理職ユニオンの鈴木剛書記長はますます「経営者に都合のいい制度にしようとしている。さらに長時間労働をまん延させかねない」と規制緩和に待ったをかける。

労働問題の訴訟を数多く手掛ける玉木一成弁護士は、「管理職と労基法上の管理監督者は別。でも、それを一緒にしている会社はすごく多い。残業代を支払わない言い訳にしている。残業代未払いを巡る訴訟では、ほとんどの会社が「管理職だから」と反論してくる」と話す。「経営側も違法状態であることを分かっているから、裁量労働制の適用拡大や残業代ゼロ制度の導入を求めている。労働時間の規制緩和はサービス残業の合法化にすぎない」との論陣を張る。

†サービス残業横行

安倍政権が「残業代ゼロ制度」を導入する狙いは、働いた時間ではなく成果に応じて評価する働き方を促すというものだ。

では、今の日本で、働いた時間に応じてきちんと賃金が支払われているのだろうか。答えは「否」だ。労基署が是正したサービス残業（賃金未払い）は二〇一三年度、企業数で一千四百十七社、労働者に支払われた金額は百二十三億四千万円に上る。二〇〇八年のリーマン・ショック後、件数、金額とも減少したが、依然として高止まりしている。かつ、この数字は労基署の監査で明るみに出たもので、摘発の網から逃れたサービス残業は、もっと多いだろう。

総務省の「労働力調査」と厚労省の「毎月勤労統計」の調査から、推計ではあるが、サービス残業の実態がうかがい知れる。労働力調査は働いている人たちが答えた労働時間で、毎月勤労統計は雇用主が答えた労働時間を指す。実際に働いた時間と、会社が働かせたとする時間を意味しており、両者の時間の差は、実際に働いても会社が働いたとみなしていない労働時間とも読み取れる。つまり、この差が、働いても賃金が支払われていないサービス残業の時間と考えられる。

二〇一四年の場合だと、労働力調査は二千三十三時間（年五十二週で換算）、毎月勤労統計は一千七百四十一時間。その差は二百九十二時間になる。二〇一四年は、労働者一人当たり一カ月二十四・三時間のサービス残業をしていたことになるのだ。

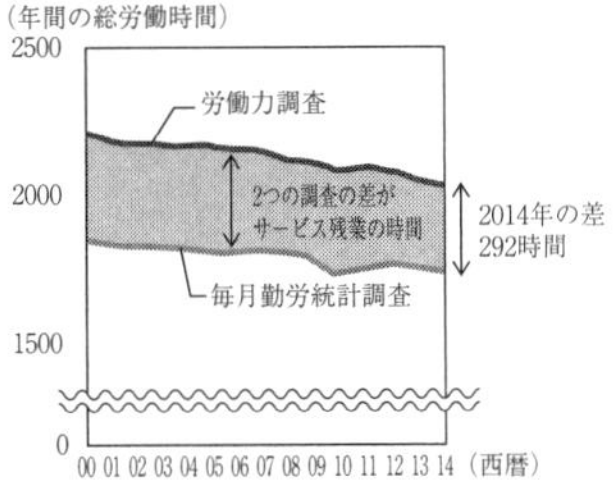

出所）厚労省の毎月勤労統計調査より。2011年を除く

図表16　推定される年間のサービス残業の時間

いまだに毎年一千社以上がサービス残業で是正されているにもかかわらず、政府や経済界は「成果」「成果」と繰り返すばかり。残業代をバケツの中の水に喩えると、すでにバケツの横に空いた穴から、じゃぶじゃぶと水がこぼれている。残業代ゼロ制度の導入で、今度はバケツの底まで抜けてしまうかもしれない、との疑念はぬぐえない。

そのサービス残業を助長しかねない脱法的な手口が今、問題となっている。「固定残業代」もしくは、「定額残業代」とも呼ばれる賃金支払いの仕組みだ。その手口の実態を次に紹介しよう。

†固定残業代の悪用

「固定残業代」は、あらかじめ十時間とか二十時間といった残業時間を見込み、その分の残業代を給与に盛り込んで支払う仕組みのことを指す。一部の人事コンサルタントや社会保険労務士が、残業代の支給事務を軽くしたり、残業代を抑えたりできると宣伝して普及したとされる。

会社は見込みの残業時間を超えて働かせた場合、超過分を払わなければ賃金未払いで違法となるが、「すでに支払っている」と超過分をごまかす不当な運用が後を絶たない。残業代未払いの言い逃れの方便に使われているのだ。求人広告で残業代込みであることを明記せず、給料を実際よりも多く見せるケースもある。

固定残業代の悪用は低賃金・長時間労働の温床となり、専門家は働く人を使い捨てにする「ブラック企業」の手口と指摘する。ただし、法的な規制がなく、違法かどうかの判断基準はない。最近は、賃金未払いをめぐり訴訟に発展し、未払いが認められるケースも出ている。

固定残業代の実態を調べようと、二〇一三年春、監督行政を司る厚労省労働基準局監督課に問い合わせた。どのくらいの企業が導入しているのか、どのくらいの違反があるのか。いずれも「厚労省として把握していない」との回答だった。仕方なく東京都内の労基署を束ねる東京労働局の監督課に問い合わせた。

「そもそも、固定残業代というくくりで件数を集計していないので答えられないですし、一から調べるとなれば、何千件とある賃金未払いの是正勧告の書類を一枚一枚調べないといけないので無理です」

国の統計がなければ、自ら調べるしかない。思いつく手段は情報公開しかなかった。

†十都道府県で違法一千三百四十三件

情報公開請求をもとに開示文書を集計した結果、「固定残業代」を悪用したサービス残業（残業代未払い）の違反は二〇一二年だけで、東京や愛知など十都道府県で計千三百四十三件に上った。サービス残業の違反のうち一割ほどを占めていた。いくら働いても見込み分の残業代しか支払わなかったり、見込み額をあいまいにして残業代をごまかしたりしていた。

調査に当たっては、事務作業量を考え、東京、大阪、愛知、北海道、埼玉、千葉、神奈川、静岡、兵庫、福岡の事業所の多い上位十都道府県に絞った。十都道府県で全国の事業所数の半分以上を占める。全国調査はあきらめたが、傾向はうかがえると判断した。

十都道府県の労働局に対し、二〇一二年の一年間で、残業代未払いを禁止した労働基準法三七条違反のうち固定残業代に絡むものだけを抽出してもらい、管内の労基署が違反した事業所に出した是正勧告書と指導書を情報公開請求した。

十都道府県に絞ったといえども、開示された資料は、両手で抱えるほどの段ボールに二箱分にもなった。一枚一枚文書をめくって集計し、是正勧告の内容を分析していく。すべての作業が終わったときには、二〇一三年の秋になっていた。

開示文書を集計すると、固定残業代に絡む違反が最も多かったのは東京で二百五十件、次いで愛知が二百二十一件、大阪が百九十三件だった。各都道府県とも、残業代の未払い総数に占める割合は一割ほど。愛知は二割弱と最も高かった。

サービス残業と併せて長時間労働も指導された事業所は計四百十八件に上った。固定残業代に絡む違反全体の三割強にあたり、長時間労働を助長しかねない制度の問題点を裏付けた格好だ。残業を見込んだ仕組みにもかかわらず、残業をさせるために必要な３６協定届を労基署に届け出ていない事業所も三割強に上った。

違反の多くは労基署の調査で、パソコンの利用記録などから実際の労働時間が判明して裏付けられた。

二〇一三年十一月、集計結果を元に再び、厚労省労働基準局監督課に問い合わせた。十都道府県で一年間に一千三百件の違反があったことへの見解を求めると、担当者は、「サービス残業が発生しやすいシステムとは認識している」と言いながらも、違反件数の評価は避けた。厚労省としての将来的な取り組みについては、「問題があれば労基署の指導監督で個別に対応するもので、現時点で規制や実態調査の予定はない」と明言していた。

†過労死の温床

千三百件を超える違反件数が突き付けた固定残業代の欠陥。問題はサービス残業だけに留まらない。長時間労働を助長しかねず、働く人たちの命や健康にもかかわる。開示された労基署の是正勧告書では、違反事業所の三分の一が長時間労働も指摘されていた。働く人を使い捨てにするような「ブラック企業」の存在が問題視される中、労働団体は「過労死促進制度だ」と規制を求めている。

	残業代未払い	未払い事業所のうち	
		長時間労働	協定未届け
東京都	250（2298）	97	92
愛知県	221（1203）	55	78
大阪府	193（1906）	57	58
神奈川県	161（1129）	41	43
北海道	144（1216）	48	38
静岡県	97（781）	35	24
埼玉県	93（546）	32	26
千葉県	77（479）	17	22
福岡県	55（870）	22	25
兵庫県	52（723）	14	21
合計	1343（11151）	418	427

※かっこ内は各労働局管内の残業代未払い全体の数
出所）情報公開をもとに東京新聞まとめ

図表17　固定残業代に絡む違反件数（2012年）

開示された労働基準監督署の是正勧告書や指導票からは、固定残業代を使って不当に残業代を抑えようとする経営側の意図が見え隠れする。

東京都内の事業所は、午後八時までの残業代を支払っていなかった。残業代は月三十時間分までと設定していた名古屋市内の事業所では、従業員のタイムカードの記録が、いずれも三十時間ぴったり。千葉県内の事業所は「能力不足による残業の賃金は払わない」とのルールを課していた。

開示文書からは、月八十時間を超える残業も散見された。月八十時間の残業は、これ以上働くと過労死の危険が高くなると厚生労働省が警告する「過労死ライン」に当たる。

埼玉県内の事業所では、労基署の立ち入りで、従業員の多くが月八十時間を超えて残業していたことが発覚。中には月百五十時間に上る人もいた。

長時間労働が発覚した事業所の多くは、従業員の労働時間を把握せず、法律で定められた健康診断や医師面談といった従業員の健康管理も怠っていた。

†月八十時間分の残業代

二〇〇七年に過労死を起こした大手居酒屋チェーン「大庄」（東京）も、固定残業代を導入していた。大庄は当時、過労死ラインの月八十時間分の残業代を給与に組み込んでいた。

京都市北区の吹上元康さん（当時二四）は、大庄に入社して四カ月後、過労による心機能不全で亡くなった。残業時間は月七十八〜百二十九時間に上った。元康さんの過労死をめぐっては訴訟にまで発展。二〇一三年九月、「長時間労働を放置した」として、同社社長らに計約七千八百六十万円の賠償を命じた判決が確定した。

元康さんは入社後、一週間の研修を経て、大津市の「日本海庄や石山駅店」に配属された。午前五時三十分に起床し、七時五十分に自宅を出て、ＪＲ円町駅から電車に乗って八時三十分に出社。八時五十分に着替えを済ませ、十キロの米を洗う、野菜を運ぶなどの作業を始める。石山駅店はランチを提供しており、十一時三十分から午後二時三十分までが昼営業、その後、ようやく昼食と休憩に入る。午後四時三十分~十一時まで夜勤務。片付けを終え、帰宅するのは深夜零時半だった。

元康さんは身長一八六センチ、九四キログラムの巨漢で、両親によると勤める前は健康そのもの、大病は一度もなかった。それが仕事に就いてから一日二食になり、体重が五キロ減った。「自分より経験のあるアルバイトにも気を遣い、仕込み作業を率先してこなしていた」と、同僚は後に法廷で証言した。元康さんの店では当時、残業の上限時間は月に百時間とされていた。

元康さんは小学校二年生のときの作文に「食堂屋になりたい」と書き、常連だった実家近くのラーメン屋では「いつもよりチャーシューの数が足りない」と指摘するなど、幼い頃から食べること、料理をつくることが何よりも好きだった。調理師免許を取得できることもあり、外食産業を志した。

父の了《さとる》さん(六七)は「外食産業で大丈夫か」と尋ねたが、元康さんは「一部上場で、東京で店を拡げている。そういう会社だから働きたい」と言っていた。しっかりした会社に送り出したつもりだった。元康さんが亡くなってから、葬式に姿を見せた店長に「なぜ六月から急に忙しくなったのか」と質問したが、「正社員の扱いになったから」「本人には何度も説明した」と答えたのみだった。

†命を脅かす給与体系

労働者の生命と健康。それを脅かす要因は大庄の給与体系に潜んでいた。

大庄はインターネットに掲載した自社の募集要項で、「店長候補」の初任給の欄に「基本給128700円、役割給69900円」と記載していた。大手就活サイトにも「2007年実績196400円（基本給+役割給）」と記載していた。ともに実働は「8時間」と書かれている。だが、実態は一日八時間労働どころか、残業が月八十時間に満たないと、役割給から減額される仕組みになっていた。そもそも初任給の十九万六千四百円を満額支払ってもらうには、過労死ラインを超える残業をこなさなければならないのだ。

元康さんが、その説明を初めて受けたのは、入社二カ月後の社内の「サクセス研修」だった。九千円を自腹で払い、給与から天引きされて受ける社内研修だ。元康さんが遺した数冊のノートには、研修内容が几帳面な字で細かく記載されている。

「基本給123200　役割給71300・80h残業　計194500」。固定残業代について、こう書いていた。

「固定残業代のような過労死を生む仕組みを撤廃しないと息子のような被害はなくならない」。了さんはそう訴える。

大庄の過労死訴訟で、一審の京都地裁は、長時間労働が織り込み済みになっている固定残業代を理由に、「基本給というべき最低支給額に八十時間の時間外労働を組み込んでおり、従業員の労働時間に配慮したとは全く認められない」と指摘し、大庄の主張を退けた。敗訴が確定した後、大庄に取材すると、広報担当者は「固定残業代の仕組みは撤廃し、労務環境の改善を進めている」と明らかにした。

了さんは「労基署が固定残業代の悪用をただしてくれなかったのが残念」とも語る。命まで脅かす固定残業代への国の監視強化を求める。

†二年で相談五倍

若者の労働相談を手掛けるNPO法人「POSSE」（東京）では、固定残業代に絡んだ相談が急増している。

二〇一一年に十一件だったのが、二〇一二年には二十九件と二倍強に。二〇一三年は五十五件を数え、二年で五倍にまで膨らんだ。二〇一四年の相談も五十五件に上った。二〇一五年は二月末までで十七件と前年を上回るペースで相談が寄せられている。

ある相談者の女性が働いていた東京都内のＩＴ企業は、新卒ながら月給は二十五万二千円。実は月百時間分の残業代を含んだ額だった。

残業代を引くと東京都の最低賃金ギリギリの給与だった。求人広告や給与明細には残業代の記載はなかった。女性は長時間労働による過労から、うつ病となり退職した。

ＰＯＳＳＥの今野晴貴代表は「きちっと労働時間を把握して残業代を支払うなら、あえて固定残業代を使うメリットはない。残業代をごまかす意図があるとしか思えない。悪用されやすい方法である以上、使用を禁止するべきだ」と訴える。

ブラック企業被害対策弁護団代表・佐々木亮弁護士は「定額で残業代を払えば、『これ以上残業代を払う必要がない』として時間管理を怠る企業が多く、実際の残業時間が残業代に見合っているのか分かりにくい。残業代のごまかしにつながる上、働かせ放題という結果を招き、過労死の温床になる」とする。就活生の企業選びへの弊害にも触れ、「給与に残業代が含まれるため、給与を水増しした格好になり、就職先を選ぶ学生への影響も大きい」と指摘する。その上で「これだけの数の違反があるのなら、厚労省は実態を調査して警鐘を鳴らし、予防に努めるのが筋だろう」と説く。

固定残業代をめぐるトラブルは後を絶たない。にもかかわらず、「固定残業代の実態調査の予定はない」と厚労省の腰は重かった。

私たち取材班が固定残業代に関する独自調査を東京新聞（中日新聞）に掲載して二カ月後のことだった。

†国会で追及され、一転調査

「見せかけの給与額は高く見せて労働者をだましながら、支払う賃金はできるだけ低く抑えて、できるだけ長時間働かせたいというブラック企業に都合よく使われている」。二〇一四年三月十一日、参議院の予算委員会で、共産党の吉良佳子参院議員が固定残業代の問題点を追及した。

違反件数を尋ねられた厚労省の中野雅之労働基準局長（当時）は「それ自体が労働基準法に違反しているわけではありませんことから、固定残業代制度を主眼として調査を行ったことはございません」と答弁。今後の調査についても「賃金不払い残業を生じる要因は固定残業代制度によるもののみではない」「多くの監督指導を行っている中で、集計するのに相当の手間がかかる」と後ろ向きの答弁を繰り返した。

吉良議員は、厚労省自体が「サービス残業が発生しやすいシステムだと認識している」と答えていた東京新聞の記事を引き合いに出し、「問題のある制度であることは間違いないわけであり、全国的な実態調査を行って全体像をつかむべきだ」と食い下がると、最後は田村憲久厚労相（当時）が全国調査することを明言。併せて、求人票などには固定残業代だと分かるように表示することを求人業界へ周知徹底していくことを約束した。

大臣発言を受け、厚労省は、固定残業代を導入している企業に対し、労基署は運用状況を確認するよう通達を出した。通達では、①労働契約の締結時に基本給と各種手当ての計算方法および金額が個々の労働者に具体的に明示されているか、②時間外労働の実績にもとづく割り増し賃金額が固定残業代を超える場合、差額が適切に払われているか――について確認を求めている。

†全国で違反二千四百四十九件

吉良議員の追及から三カ月後、二〇一四年六月十九日の参議院厚生労働委員会で、固定残業代を悪用した全国実態が初めて明らかになった。二〇一二年、全国で違反件数は二千四百四十九件。賃金未払い違反全体の一割を占めていた。また、厚労省は推計としつつも、固定残業代に絡む未払い金額は総計で十億円程度、被害は一万人程度に上るとの見方を示した。厚労省の中野局長は「違反が疑われる事業所には立ち入り調査を行い、問題が認められる場合には厳しく指導していく」と答弁した。

この日の参院厚労委では、固定残業代をめぐる求人募集での不正も取り上げられた。「固定残業代の問題につきましては、国会でも取り上げられたということもありましたので」と厚労省の岡崎淳一・職業安定局長（当時）は前置きし、ハローワークの求人で固定残業代の記載があるものをサンプル調査したことを明らかにした。調査の結果、一千件中百四十五件で不適切な事例があった。具体例として、「基本給の中に入れている」や「固定残業代と書きながら込みの残業時間が書いていない」や「込みの残業時間分を超えて働いた場合は残業代が追加で支払われることが明示していない」などだったという。

岡崎局長は「不適切な求人票は適切なマッチングのためによろしくないことですので、全国の労働局、ハローワークに適切に求人票をチェックして事業主に指導するようにした」と答弁した。

安倍首相は「世界で一番、企業が活躍しやすい国」を目指すという。そのために障害となっている規制を「岩盤規制」と呼ぶ。まるで「規制＝悪」かのような印象を受けるのは私だけだろうか。中には既得権益を守るための悪弊もあるかもしれない。しかし、弱者を守るためや秩序を維持するために設けている規制もある。一日八時間という労働時間の規制も、その一つだ。そもそも一日八時間というルールは、長時間労働に苦しめられた労働者たちが人間らしい生活を送るために勝ち取った権利だ。

今、私たちが働く職場に目を向けると、一向に減らない過労死・過労自殺、横行するサービス残業、パワーハラスメントなど雇用の劣化は甚だしい。働く人たちの命や健康を守るためのセーフティーネットはどこまで機能しているのだろうか。

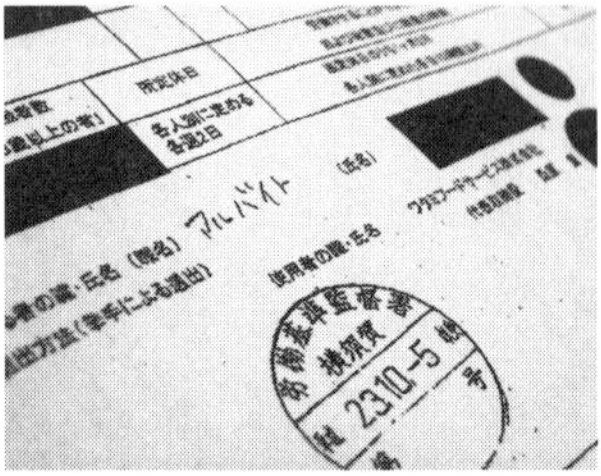

森美菜さんが働いていた「和民京急久里浜駅前店」の36協定届

「挙手」でアルバイトを労働者の代表に選んだことにして、締結した協定届を労基署に提出していた

†ワタミ新入社員の過労自殺

「誰か助けて下さい」。二〇〇八年六月、悲痛な叫びを手帳に書き残し、居酒屋チェーン店「和民」を経営するワタミフードサービス（現ワタミフードシステムズ・東京）の社員だった森美菜さん（当時二六）が自ら命を絶った。

森さんは、まだ入社して二カ月だった。神奈川県横須賀市の「和民京急久里浜駅前店」に配属されると、担当したのは、キッチンの刺し身やサラダ、デザートを調理する仕事だった。一週間の座学で、調理場に立たされた。調理する品数も注文も多く、森さんの同僚は「他の従業員も皆、やりたくないポジションだと言っていた」と明かした。

森さんは連日の深夜勤務に加え、休日も課題レポートや、親会社のワタミが設定したボランティア活動に割かれた。ほとんど眠らずに、午前七時からの東京大田区の本社である研修に参加することもあった。それでも一番早く出勤して仕込みをし、無遅刻、無欠勤だったという。やがて周囲に「眠い」「疲れた」と漏らすようになっていった。

森さんの死から四年後、神奈川労働者災害補償保険審査官は「過労による精神的ストレスから自殺した」として労災を認めた。審査官によると、森さんの一カ月の残業時間は過労死ラインの八十時間を大幅に上回り、百四十一時間に及んだ。労災認定の決定書には、副店長が久里浜店の勤務時間について「平日は午後三時から翌朝三時半まで、金曜や土曜は午後三時から翌朝五時」と証言した記録が残っている。

†過労の裏に違法な残業手続き

第二章でも触れたが、労働基準法は一日八時間、週四十時間を超えて働かせることを禁じている。ただし、労使間で36協定を結べば、両者で取り決めた上限時間までの残業が認められている。ワタミフードサービスでも毎年、「和民」など全国のチェーン店ごとに36協定を結んでいる。森さんが配属された当時、久里浜店の上限は月百二十時間。森さんの場合は、その上限時間をはるかに超える残業を強いられていた。

36協定で定めた上限時間を超えて残業させることは違法だ。ただし、ワタミフードサービスには36協定の締結に当たり、もっと根深い問題が隠されていた。

36協定を結ぶには、経営者側は店や工場ごとに労働組合もしくは、従業員の過半数の支持を得られた労働者代表との合意が必要となる。労働者代表は、投票や挙手、話し合いなどで従業員たちが民主的な手続きで選ぶことになっている。ワタミフードサービスでは労働組合がないため、協定を結ぶには、店舗ごとに社員やアルバイトの中から選ばれた労働者代表が経営者側と合意しなければならない。

しかし、実際は違っていた。

あらかじめ残業の上限時間が書き込まれた36協定届に、店長の指示でアルバイトが署名する――。ワタミフードサービスでは労働基準法で定められた労使間の手続きを踏まず、従業員に残業をさせていた。

森さんの労災認定から三カ月後の二〇一二年五月、東京新聞の取材に、親会社ワタミの法令順守部門を担当する塚田武グループ長は「店長がアルバイトの中から代表を指名し、協定届に署名させている」と、手続きが形骸化していたことを認めた。厚生労働省労働基準局監督課は「適正なやり方とは言えず、労基法に抵触する」と違法性を指摘する。

ワタミフードサービスは全店の協定届に、従業員の代表を「挙手で選出」と明記していたが、塚田氏は「挙手している前提で記載していたが、実態として行っていなかった」と釈明した。手続きが形骸化すれば、経営者側の思うままに従業員側に長時間労働を強いることも可能だ。会社から一方的に提示された労働条件を、受け入れるしかない従業員。労使対等とは名ばかりの実態が浮き彫りになった。

そして森さんも、また違法な手続きで「締結」されたことになっていた36協定に基づき、長時間労働を課せられていたのだ。同様の違反はほかの企業でもみられ、専門家は「適正な手続きが担保されないと、過労死を助長しかねない」と警鐘を鳴らす。

ワタミによると、毎年の協定更新の際、店長が経験の長いアルバイトの中から代表を指名。すでに残業の上限時間が記載された協定届を印刷し、アルバイトが署名をして本社に返送するやり方が常態化していた。ワタミの辰巳正吉・ビジネスサービスグループ長は「大きな不都合やクレームは起こらなかったので、踏襲してきてしまった」と明かした。

二〇一二年五月十七日、私たち取材班が東京新聞（中日新聞）でワタミフードサービスの不正な残業手続きを報道すると、すぐに労基署が動いた。

報道したその日、森さんが働いていた久里浜店を含め、関東の三店舗に労基署の監査が入り、いずれも36協定の手続きについて是正を求める勧告を行った。親会社のワタミは「今後は、店長が従業員の中から代表を推薦し、書面で過半数以上の従業員から同意を得る選出方法に改める」と説明。六月末までに全店の協定届を出し直した。

翌日には、厚生労働省が全国の各労働局に、労基署で協定届を受け付ける際、労働者側の過半数代表の選出方法について疑義があれば、窓口で確認を取るよう指導の再徹底を求める通達を出した。

†36協定のチェック脆弱性

36協定届は、残業を認める唯一の証拠となる書類だ。ただ、その書類が適正かどうかのチェックは、ほとんどが書面上でしかない。

神奈川労働局監督課の担当者は、「今は労働組合率が低いので、ほとんどが過半数代表。経営側が代表になっていたり、過半数代表の選任方法が親睦会から選んでいたりなど書面をみておかしなところがあれば指導する。ただ、書面で「挙手で選出」と書いていても実際にやっているかどうかまで追跡してチェックすることはできない。通報などがあれば確認できるが。適正手続きのチェックは、窓口で分かる範囲でやっている」と実情を明かす。

企業が届け出た協定届の保管も十分ではない。監督官が調査や立ち入りをする際には、対象企業の協定内容を把握していないと、労働時間に関する指導もままならない。だが、各労基署で、協定内容を簡単に参照できる状態にはなっていない。
「協定届は受理した日にちごとにファイルにしまい、月ごとに倉庫に入れていく。インデックス付けや分類はしないから、ある企業の協定届を確認しようと思えば、ファイルを全てひっくり返して探さないといけない」（厚労省関係者）
労基署の業務に詳しいこの関係者は、協定届の管理体制について「大量に届く届のデータを打ち込むことにマンパワーを取られるくらいなら、一件でも多く監督に行った方がいい」と話す。協定届は年ごとに更新されるため、都心部の労基署などでは、年度またぎの時期を中心に、段ボール箱いっぱいに郵送されてくる届が風物詩のようになっている。
郵送、あるいは持参された大量の届を受け付けるのは、正規の監督官ではなく、研修を受けた点検指導員や非正規の相談員の役割となっている。相談員らが、法令や通達に違反していないかを含めて内容を確かめ、決裁の過程で監督官も目にする。「受付時点で36協定はチェックするので、その後引っ張り出してくる必要はない」と前出の関係者は話すが、「非正規が受け付けの中心となっており、形式要件さえ整っていれば受理しているのが現状」とも。労働者の残業時間を規定するという協定届の重要性に比して、受け付けとチェックの体制は脆弱だ。

同じような事態は、一九七六年に出版された書籍『これが労働行政だ』(全労働省労働組合編、労働教育センター刊)でも紹介されている。「○○署では就業規則届、時間外協定届(引用者注:36協定届)、その他の諸報告、諸届は、形式的要件が備わっていればすべて受け付け、一カ月ごとにヒモで縛り書庫に投げ入れておきます。受付簿も何もないため、諸届、報告が監督署に提出されているか否かは、一年位経過すると全くわからなくなってしまいます。労働者からの照会、申告があると本当に困ってしまいます」

†中小で目立つ違法手続き

名ばかりの36協定を交わしている企業は、ワタミフードサービスに限らない。

労働基準監督官OBでコンサルタントの原論《さとし》さん(四六)は「年間約百件を監督する中で二割程度、手続きに不正があった。労働組合のない企業では特に、不正に代表者を選出している例は多い」と話す。

厚生労働省は一九九八年、規則を改正し、協定の手続きの厳格化を図った。しかし、その後、大きく改善されたとは言い難い。

代表の選出方法について、中小企業を対象にした労働政策研究・研修機構の二〇〇六年の調査では、会社側が指名した企業が二八・二％、親睦会などの代表者を自動的に代表とした企業が一一・二％。中小企業の約四〇％で違法な手続きが行われている実態が明らかになった。

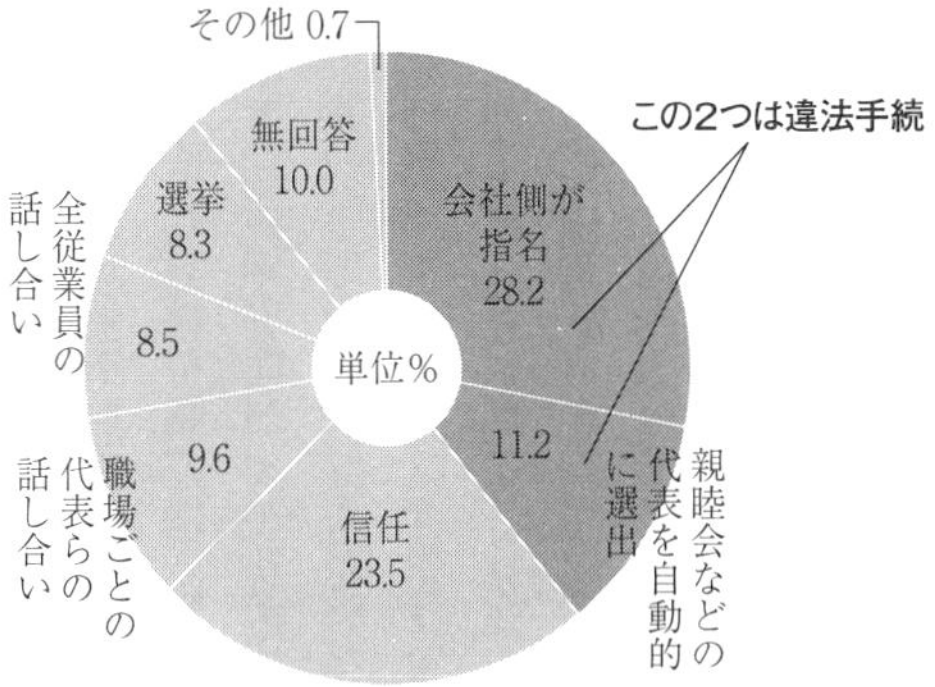

出所）（独）労働政策研究・研修機構の2006年調査。1000人未満の企業1466社から回収

図表18　過半数代表の選出方法

一方、労働組合があっても、労使協調から協定締結を拒否する例はほとんどない。システム開発会社「エスシーシー」（東京）で過労死した男性システムエンジニア（当時三〇）の両親は二〇〇四年、「会社と協議もせず、長時間労働を避ける義務を怠った」として組合も訴えた。翌年、和解が成立し、組合は労働条件の向上に努めると約束した。

労働問題に詳しい鵜飼良昭弁護士は「36協定を結ぶ際に、『百二十時間も働けない』という労働者の声が反映される適切な運用ならば、過労死は防げただろう」と、ワタミの過労自殺を分析する。

「私は大半が中小企業、従業員百人未満の企業の不当解雇、いじめなどの紛争を扱っているが、それらの企業では、多くの場合、使用者が代表者を指名する、労務担当が勝手に処理するという実態がまかり通っている。労組のない中小企業では、大半が不正をしているが、表だって指摘する人がいない」と述べる。

「代表者の選出不正は非常に重要な問題。労働者の代表制度は、時間外労働（残業）だけの問題ではない。他に、賃金の控除、育児休暇、高年齢者雇用安定法の継続。全て過半数代表との協定でできる。一番古典的なのが36協定。それが形骸化したら、どうなるか。民主的な方法によらず、使用者が一方的に労働者にたくさんの労働条件を押しつけることになる。制度として、組合がない場合には代表制というものを作ったのだから、違法性があったらすぐ是正できるような仕組みをつくらないといけない」と訴える。

†「会社潰していいの?」

「正直エステ業界は非常にいま厳しい。……この業界の実態を分かったときに、どうなんだろうか。……労働基準法に、ぴったりそぐったら絶対成り立たない。……潰れるよ、うち。……会社潰していいの？　あなた」

再生した音声データの声の主は、エステサロン「たかの友梨ビューティクリニック」を全国展開している「不二ビューティ」（東京）の高野友梨会長という。

この従業員を支援していた「ブラック企業対策ユニオン」（東京）によると、仙台労基署から自社が是正勧告されたことを受け、当時社長だった高野会長が二〇一四年八月、仙台市内の系列店で社員を集めて語った内容だという。残業代未払いなどを労基署に内部告発した女性社員を「あなた」と名指しして非難している発言が、密かに録音されていた。

この発言が公表されると、高野会長に対し、世間から批判が高まった。

その後、内部告発した従業員が、高野会長の発言で精神的な圧迫を受けたとして、労働委員会に不当労働行為の救済を申し立てる騒ぎにまで発展した。ついには高野会長が、店を訪ねて謝罪するとともに、労務管理を改善すると自社のホームページで公表した。

労基署は是正勧告で、このエステ店に、有給休暇を取ると不当に減額していた残業代の支払いを求めた。賃金控除に関する労使間の協定書を適切に結ぶようにも指摘したという。

録音記録に残る、是正勧告に対する高野会長の発言が興味深い。

「うちは残業代といって改めて払わないけれども、頑張れば頑張った分というのがあるじゃん」

「誰も知らないよね、36協定なんて。要するに、社員の代表の名前を労基に届けないといけないの、各店。……でもさ、みんな各店うやむやだよ。いい子に頼んで、OKみたいな感じでみんなやってんだよね」

この発言から垣間見えるのは、利益優先の経営論理だ。36協定の脆弱な規制が、経営者たちの労働法制に対する低い順法意識を生んでいる。

†青天井の残業時間

長時間労働に対する経営者の認識を示すエピソードを紹介しよう。第四章でも取り上げた大手居酒屋チェーン「大庄」（東京）で働いていた吹上元康さん（当時二四）の過労死訴訟でのことだ。元康さんの遺族は、過剰な長時間労働を認めていたとして、会社だけではなく社長ら経営陣個人の責任も訴えていた。

二〇一〇年八月の大阪高裁。「外食産業では、上限百時間の残業を労使間で合意するのは一般的だ。それは他の業界でも、日本を代表する企業でも同様だ」。長時間労働を認めてきた責任を問われた大庄側は、こう反論した。

月百三十五時間、百二十時間、百時間……。「長時間労働は、わが社だけではないんです」と言わんばかりに、同業他社が36協定で結んでいる残業の上限時間をまとめ、証拠として訴訟資料を提出した。いずれも厚生労働省が過労死との関連が強いとする「過労死ライン」の月八十時間を優に上回る数字だ。

元康さんが勤めていた店では、残業の上限時間は月百時間だった。元康さんは、その上限すらも超えて働いていた。過当競争の業界で、自社だけが「健康第一」でやっていては生き残れない。経営側の本音が透けて見えた。

二〇一一年五月の判決で、坂本倫城《みちき》裁判長は「労働者の健康は何よりも守らなければならない」と繰り返し、「長時間労働を認識できたのに放置し、改善策を何ら取らなかった」と、社長以下取締役四人に計約八千万円の賠償を命じた一審判決を支持。経営者個人の責任をあらためて認めた。最高裁は二〇一三年九月、会社側の控訴を棄却し、高裁判決が確定した。

大庄の主張は日本の働き方を象徴している。総務省の二〇一四年の「労働力調査」によると、二十～五十九歳の男女の一割弱に当たる約四百六十八万人が月八十時間残業の「過労死ライン」を超えて働いている。

「大庄の取締役個人に過失を認めた判決は画期的だった。だが、経営者が労働者の命と健康を守る自覚を持たなければ、事態は良くならない」。約四十年にわたり過労死遺族からの相談を受けている水野幹男弁護士は、こう話す。

†月二百時間の36協定

加藤久恵さん＝仮名＝は、先立たれた長男の給与明細を見て、初めて月二百時間近くも残業していたことを知った。長男は就職後、実家を離れ、千葉県内のアパートで一人暮らししていた。「入社して間もないのに会社に休ませてなんか言えない」。休養を勧めても、頑なに拒む長男の姿がよみがえった。

法律や労働基準監督署があるのに、こんな長時間労働がなぜ許されるのか——。わが子の死を受け入れることができなかった。

長男は二〇〇七年四月、石油プラントの建設や保守を手掛ける「新興プランテック」（横浜市）に入社した。二週間の研修を経て、千葉県市原市でプラント工事の現場監督を務めていた。数カ月ごとに担当する現場が変わった。年が明けて受け持った現場は、プラントのチューブを更新する、これまでにない大掛かりな工事だった。長男を含め担当した社員は六人。遺族側は訴状で「人員不足によるサポート欠如」と指摘した。

長男は二〇〇八年八月になってうつ病を発症し、十一月十一日、自宅で自殺した。入社二年目、二十四歳だった。千葉労基署は、極度の長時間労働と大規模な工事現場への異動による過重性を判断し、労災を認めた。

新興プランテックでは当時、残業の上限時間を月二百時間とする36協定を労使間で結んでいた。大規模工事を担当することになった長男は、二〇〇八年二月〜八月まで毎月のように過労死ラインの月八十時間を超える残業を行っており、長時間労働が恒常化していた。亡くなる四カ月前の六月三十日から八月六日にかけて三十八日連続出勤。七月の一カ月だけでも、月二百時間の上限を超える二百十八時間も残業していた。一カ月三十日で計算しても一日当たり七時間残業。毎日十五時間近く働き、それを一カ月続けるという異常な勤務実態だった。先輩に相談しても「みんながやっていることだ」とかわされたという。

翌月の二〇〇八年八月のことだった。加藤さんのもとに、土日も出勤していた長男が急に無断欠勤したと勤務先から連絡が入った。久々に再会した長男は、見違えるようにやせ細っていた。いったん事務職に配置換えとなり、二カ月余り病院に通う日々が続いた。「元気そうだ」との会社の判断で、十一月からの現場復帰が決まった。いったん実家に戻ってきた長男が「また休みがなくなるな」とこぼした。その表情からは回復したとは思えなかった。思わず「大丈夫」と声をかけた加藤さんに「人手が足りないから」。気丈に答えた二日後、長男は自ら命を絶った。

「お母さん、お金じゃないんだよ。休みがほしいんだよ」。電話口の向こうでつぶやいた長男の声が、今も加藤さんの耳に残っている。

遺族は、「月二百時間まで残業を認める36協定の存在が長時間労働を放置する原因となった」として、長時間労働を課した会社だけでなく、経営側と36協定を結んだ労働組合と、協定届を受理した労基署の責任も問い、東京地裁に提訴した。

月二百時間という過労死ラインの三倍近い上限時間にもかかわらず、労働組合は抵抗することもなく受け入れ、労基署もそのまま受理してしまう。遺族代理人の一人だった原宏之弁護士は「労基署や労働組合が労働者を守らずに、誰が労働者を守るのか」と憤る。

†例外重ね規制骨抜き

そもそも労基法では残業を認めていない。だが、労使合意に基づく協定を結べば、月四十五時間まで残業を認めている。さらに、特別な事情があれば半年まで無制限に残業を延長できる。36協定の調査では、今も国内の大手企業社のうち七割以上が、過労死ラインの月八十時間以上の残業を認めている。例外に例外を重ねた制度において、「残業は例外」という意識は薄れている。

例外はそれだけではない。

新興プランテックのような建設業は、労基法の規制の対象外になっている。トラックやタクシーの運転手も同様だ。厚労省は一九九八年、建設業や運輸業、研究開発業務、そのほか季節的要因により業務量の変動が著しいような業種に限り、特別条項を結ばなくても労使合意さえあれば、いくらでも残業させられる例外規定を設けた。

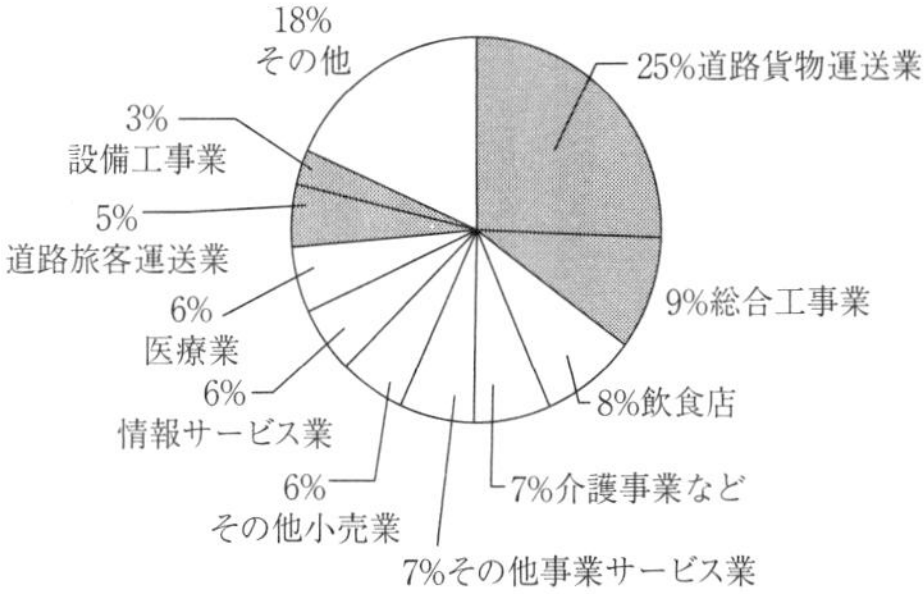

出所）厚労省調査を集計、2009〜2013年度

図表19　脳・心臓疾患、精神障害の労災認定数

例外業種の建設業や運輸業は、働かせ過ぎを防ぐための規制が緩いだけに、他の業種よりも労働時間が長い。過労が原因とされる脳・心臓疾患の労災認定数の上位も毎年のように占めている。

裁判で、遺族側が建設業の長時間労働を助長している例外規制の弊害を主張すると、国側は「一律に時間外労働を規制すれば、国民の経済活動を不当に制約することになり、また、使用者が限度時間を超えて時間外労働せざるを得ない場合は、労働者を雇用し、必要なくなれば解雇するという対応をすることが予想され、かえって労働者の労働環境が悪化することも懸念される」と反論した。建設業を例外としている理由については、「天候に左右され、計画通り作業を進行させるのが困難な面がある一方、納期が厳格に定められているため、一定の期間集中して業務を行うことの避けられない業態であり、他の事業と同列に労働時間を規制することはなじまないから」と説明し、例外規定を盾に「監督する義務はない」と責任を否定した。

会社側も、国が認めた例外規定を持ち出し、「プラントのメンテナンスは一定の技能、習熟を要し、単に人を雇えば解決する問題ではない。適用除外の趣旨に、より一層妥当し、一般の建設業よりもさらに集中的な業務を行う必要性が高い」と正当性を強調した。「納期前など仕事が急増する可能性がある業種だから」という厚労省の説明に、加藤さんの代理人の川人博弁護士は「どんな仕事にも繁忙期はあり、一部の業種のみ特別扱いする理由はない」と訴える。

二〇一三年十二月の一審判決は、安全配慮義務違反があったとして会社には約二千三百万円の支払いを命じたが、国や労働組合の責任は認めなかった。上限二百時間の36協定については、労働者にとって心理的な負荷がかかる長時間労働を許容する内容と認めながらも、「一定期間集中して業務を行う必要性の高い業態であり、36協定は時間外労働が過大にならないよう配慮をしているなどの理由から労基法の趣旨に反する異常な協定であるとまでは認められない」とした。

加藤さんら遺族は判決を不服として控訴したが、二〇一四年十月、和解に至った。遺族側によると、会社が和解金を、労組が見舞金を遺族に支払うとともに、会社と労組は残業の上限時間の見直しに努力することで合意したという。

加藤さんは「国の対応によって今も苦しんでいる人がいるはず。建設業が特殊だからといって許されていいはずがない」と制度の不備を問う。そして、月二百時間の残業が認められるこの国の実情を憂い、こう言った。「月二百時間残業しないと回らない仕事なんて、「死んでもいい」と言われているようなものです」。

✝労働Gメン

長時間労働をさせていないか。残業代はきちんと払っているか。労働者の健康や安全を守るために目を光らせているのが、労働基準監督官だ。別名「労働Gメン」とも呼ばれる。

監督官は、労働基準法など労働関連の法律に基づき取り締まりを行う国家公務員で、労働基準官試験に合格しなければならない。厚労省の出先機関である全国の労働局や労働基準監督署に配置されている。労働法が守られているか、本社のみならず店舗や工場などに立ち入り調査し、法令違反があれば是正勧告といった行政処分を行う。労働者からの通報や告訴・告発も受け付けている。悪質な場合は、警察官のように逮捕、送検できる権限も持っている。

ただし、日本の監督官の数は世界的に見て少ない。国際労働機関（ＩＬＯ）は、労働者一万人当たり一人以上の監督官が望ましいとしているが、二〇一〇年時点で、日本は〇・五三人に留まる。米国の〇・二八人は上回っているものの、ドイツの一・八九人、イギリスの〇・九三人、フランスの〇・七四人には劣る。

†三千事業所に一人

東京二十三区では、一人の労働基準監督官が三千もの事業所を担当している。過労死や過労自殺が高止まりする中、人手が足りず、十分な監視の目が行き届かない実態が浮かび上がってくる。

厚労省は、労基署ごとの監督官数を公表していないが、労働新聞社（東京都板橋区）が発刊した「労働行政関係職員録　平成二十三（二〇一一）年版」に掲載された管理職を除く監督官の人数から一人当たりの事業所数を算出した。

　職員録では、二十三区で管理職を除く監督官は百三十九人に上る。二十三区のうち最も負担が重いのが、大手企業の本社が集まる中央労基署だった。一人当たり約三千六百の事業所を受け持つ。王子（約三千五百）、足立（約三千四百）と続き、最も負担の軽い亀戸労基署でも、一人で約二千三百の事業所を担当している。

労基署	監督官数	事業所数	1人当たりの事業所数
足立	7	27,180	3,883
中央	21	79,543	3,788
渋谷	11	41,532	3,776
品川	7	26,164	3,738
池袋	15	44,691	2,979
上野	6	20,118	3,353
新宿	16	52,463	3,279
三田	12	36,700	3,058
大田	7	24,061	3,437
向島	8	26,412	3,302
江戸川	6	16,485	2,748
王子	3	10,377	3,459
亀戸	7	15,923	2,275
全体	126	421,649	3,346

出所）東京新聞まとめ

図表20　東京23区の監督官１人当たりの事業所数（2011年度）

　長時間労働やパワーハラスメントによる自殺や過労死は後を絶たない。都内では労働者から労基署への年間の申告件数は、十年前に比べ千件以上増えた。一方で、監督官の定員は二〇一四年度、全国で三千二百七人しかいない。厚労省は「毎年、監督官の定員は増やしている」と言う。実態は二〇一三年度からの増員は全国で八人だけ。その前年度でも十七人しか増えていない。労基署への申告件数の伸びに比べれば、はるかに低い。一九六五年以降、監督官一人当たりの事業所数は、全国的にも千五百前後で推移しており、人手不足は解消されていない。

国家公務員の新規採用抑制が、人手不足に追い打ちをかける。

「労働法制がしっかり守られているかどうかは、働く人の生命や健康とともに、消費者の安全にまで強く影響を及ぼします」。二〇一二年六月の衆議院の社会保障と税の一体改革に関する特別委員会では、野党議員から労働行政への影響を懸念する意見も出た。当時の小宮山洋子厚労相は「効果的な監督を実施するよう最大限努力したい」と答弁していたが、改善の兆しは見えない。

中嶋滋・元ＩＬＯ理事は、「適正な労働のために不可欠な監督行政に関する条約は、ＩＬＯ条約の中でも最重要の位置づけだ。適切な労働監督行政には労働者一万人当たり監督官一人が必要という目安をＩＬＯは示しているが、日本はほど遠い水準。人員削減が続き、行政本来の目的が果たせない由々しき事態が進んでいる」と指摘している。

†「これで労働者を守れるのか」

約七百万人が働く東京二十三区。現場で取り締まりに当たる労働基準監督官は百三十九人しかいない。人手不足に加え、人事評価制度が変わり、件数をこなす形式的な指導が広がりつつある。「これで労働者を守れるのか」。現場でもジレンマが広がっている。

「本当に告訴するんですか」。若い男性監督官が窓口で顔をしかめた。二〇一二年六月、大田労災職業病患者会の大角繁夫会長が、支援する私立大学職員の不当解雇を訴え、中央労働基準監督署に告訴状を提出したときのことだ。

大学は労基署からの再三の是正勧告を無視し続けていた。にもかかわらず、監督官は「ハァー」とため息をつくと、「この告訴状に一年間縛られる。これがなければ、救える人が何人もいるのに」と腹からしぼり出すような声を上げた。最終的に告訴状は受理されたが、大角会長は「労働者を救済する機関も疲弊している」と感想を漏らす。

大手企業の本社が集まる中央労基署でも、監督官は二十人余りしかいない。「担当する企業をすべて回るのに二十年はかかる」と、四十代の男性監督官は苦笑する。来庁者は一日百人以上。職場に出向いて監督業務ができるのは週の半分ほどしかない。

違法な長時間労働やサービス残業の調査となれば、関係資料の分析は閉庁後の仕事となる。パソコンに数カ月分のバス運転手の走行記録を打ち込んだり、段ボール五、六箱分の会計帳簿の振込明細書を調べたり、深夜になっても終わらない。

一方、企業側は「時間がない」などと、あの手この手で協力を拒み、調査は思うように進まない。

警察官のような捜査権限もあるが、強権発動する例は少ない。企業と信頼関係を築きながら解決を図っていくことに、主眼を置いてきたからだ。大手小売業の本社を立ち入り調査したベテラン監督官は「何カ月も足しげく通って労使双方から話を聞き、ようやく改善に結び付けた。企業に納得してもらわないと、その場しのぎで終わる」と振り返る。

しかし、二〇〇九年ごろから監督官の人事評価制度が変わり、時間をかけた指導は難しくなっているという。

労基署の規模ごとに達成すべき指導件数が決まっており、年度ごとに監督官一人ひとりはノルマとして件数が割り当てられる。新制度では、内容よりも件数が評価されるため、指導は簡素化、形式化する傾向にある。複数の監督官は、「是正を促す文書を企業に渡すだけで、指導実績にカウントする例が増えている」と証言する。

厚労省関係の職員でつくる労働組合「全労働省労働組合」（全労働）の森崎巌中央執行委員長は、「今の人数で労働者の権利を守れるのか。政府は国民に悪影響が出ないよう適正規模を吟味するべきだ」と訴える。

†現場の悲鳴

現場をあずかる現役監督官たちは、現状をどうとらえているのか。あまり表に出ることのない彼らの声に耳を傾けてみよう。彼らには守秘義務が課されており、仕事ぶりが明るみに出ることはほとんどない。二〇一二年六月下旬、東京・日比谷にある東京新聞本社に、首都圏の労基署で働く五人の現役監督官に集まってもらった。

主に問題になるのは、ここでも36協定だ。

Aさん：中央労基署は大手企業が多く、特別条項百五十時間オーバーがざら。一カ月百万円の残業代が発生している企業もある。「健康のため面談さえすればいい」と会社が考えており、異常な状態なのに会社も労働者もそれに慣れてしまっている。見たらぞっとしますよ。こんなことが適法になっているのがおかしい。大企業ほど労働時間が長い。青天井の特別条項が、違法と言われないための免罪符になっている。
Bさん：監督行って「36協定なし」で指導しても、労働側の知識はなく力も弱く、会社が望む内容で協定できてしまう。無力感がある。
Aさん：長時間の36協定を結んでいる会社には、監督の優先順位を上げていく。実際に監督に行ってどうかというと、ジレンマがある。特別条項に一年一千時間と書いてあったりする。労基法は罰則付きの強行法規であるにもかかわらず、処罰はほとんどできない。
Dさん：36協定のそもそもの理念、昭和二十年代ごろの理念は、過半数労働組合に力があり、組合が不当な労働条件を制御していくものだった。組合の組織率が下がり、力が弱い現在、趣旨がずれてしまっている。団体の力によって埋める理屈が通用しない。立法で上限を国が設定するのが現在の解決策だと感じる。
Dさん：労基法が緩いので指導に限界がある。週四十時間の法定時間があっても、労働時間を管理する義務がないから形骸化する。また、何が管理監督者なのかの定義が法律上ない。かちっと定めてもらえないと摘発できない。そのすき間を現場が埋めるのは大変だ。
Bさん：36協定自体を出していない、昔は出していたが廃れてしまったという例や、告示通りの四十五時間で出してるけど、守っていない例が多く、全体の水準が低い。月二百時間の特別条項を決めていて百九十八時間働かせても違反じゃなく、36協定未提出で四十二時間働かせたら違法。現場の相場観からすると、判断基準は労働時間ではなく、結果の重大性になっていく。死者が出たところは監督に行くということ。
Bさん：立件のハードルを越えるには、「八十時間以上の残業を協定することはできない」と明確に書けばいい。始業終業、休憩時間をばしっと決めて従業員に閲覧させれば事態は変わる。
Dさん：「時間外労働の上限は何時間」という残業規制条項が必要。それを決めないと過労死を防ぎようがない。現在の動きは逆。企画型、専門型裁量を認めていく動き。管理監督者の拡大の議論もそうだ。
Dさん：三二条違反で働かされ過労で倒れた労働者の遺族に会った。奥さんに話を聞いたら「朝、夫の唇が青かった」。家で吐いていた。命は取り止めたが半身不随。まだ三十代。一人でジュースも買えない状態。会社は「過労死認定してるんだから有り難く思え」。送致して有罪になった。
Bさん：四百八万事業所のうち、36協定を出したのが百二十万。未提出で残業させている違反が相当数ある（統計はない）。相場観上、36協定を出しているところに、超えてるから刑事罰というのは厳しい。労基法は「適合するものにしなければならない」ではなく、「告示を超えるものは無効」と明確にせねばならない。一生懸命枠内に収めたところに指導に入るのは抵抗がある。

Dさん：現場を全く知らない人間が現場に押しつけている。

Bさん：指導が会社側の任意の協力で成り立っているところはある。労基法一〇一条にある。公表するぞとなると防御権を主張され、「義務ですか」となる。質問に答えるというのも協力。警備記録見せてもらうのも協力。「権限あるんですか」と言われたら、監督ができなくなる。「省令で決める」としてびしびし権限を強化してもらえたら……。

†改善が目的

現役監督官たちからは、労働基準監督行政がはらむ矛盾も多く口にされた。労働行政は「立件が目的ではなく改善が目的」と言われる。だから企業の協力を求めざるを得ない。

Dさん：行政の部分と司法警察の部分を本来は使い分けないといけない。悪いところには徹底的にやらないといけないが、できない。上司や本省が企業寄りなのと、人事評価制度が数値的なのと、人が足りないのと三つの原因がある。

Dさん：特に東京は「悪いことをただす」という熱い署長がいなくなった。東京は本省の息がかかりやすく、厳しく指導せずに本省の言うことを聞く人間が署長や本省勤務になる。彼らは臨検に行かないし、行った経験もないから、実質的な監督官の数にカウントできない。

Cさん：残業代未払いで「払わない。うちも金儲けなんで」と社長が言うので、「じゃあ今から立件しますんで」と調書を作った。そしたら払って「払ったからいいでしょ」と言われたが、「いや事案は消えないから送検するよ」と伝えた。そうしたら、当時の次長が「もういいじゃない、許してあげて」と言ってきた。署長が「俺はあなたが正しいと思うよ」と言ってくれた。司法警察権使わなかったら、ずっと払わないままだった。

Dさん：指導に行ったら社長が現れないから、がつんと言ったら、その会社から労働局に連絡が入って、本省に「もっとやさしくやれ」と言われた。

Dさん：一生懸命監督すると、「なぜお前はそんなにきつい指導しているんだ、業務指導違反だ」と言われる。そういう人間が署長になっている。

Cさん：システム会社でサービス残業百万円の未払いの指導。社長も死活問題だから、全力で反撃してくる。その際、徹底的に事実を洗い出そうとしたら、「適切な対応をしろ」

「トラブルを起こすな」「公務員らしく穏当にやれ」と上司から指示が来た。現場はバトル。摘発対象の資料がたくさん出てくる。大企業なんてそんなもんだが、後ろから斬りつけられるようなマネをされたら、バトルできない。

Dさん：指導に従わない大手アパレルがあって「許せない事案」と思ったので、一年半かけて二人で指導した。必ず勝てる要素として、どうせ適正にやってないと思ったから、戦略的に36協定の代表者選出不正の問題を選び、「この人呼んで」と労働者側の代表者欄に署名している人を呼び、すぐ調書を取った。「部長に言われました」と証言したので、「部長、話が違うじゃないですか」「すいません」となり、それをきっかけに過労抑制の改善が進んだ。九時始業でもみんな八時半ごろ出勤し、すぐPCの前に座るとどうせ仕事になるから、レストルームを作ったらどうですかと助言してレストルームが新設されるなどした。従業員からは「会社に来て楽しい」と声が上がった。離職率が下がった。だけど、「なぜ二人で一年半もかけるんだ」と評価はB。紙を三件配ったら評価A。そのアパレルに初日に紙を渡していたら評価はAとなる。労働環境を直すか直さないかは求められていない。件数だけが求められている。国民のためになる公務員を評価する趣旨のはずが、国民のためにならない公務員を育てている。

Cさん：過労死遺族から何度も電話がかかってくる。医者で過労自殺した。何度も労災担当者に電話してくる。「何とか息子の生きてた証を残したい」「時間ある時でいいので、家に来て下さい」。そう言われたら断れない。一時間、二時間話を聞くが、後で上司から「お前なにしてんだ。その間、数件、指導文書、これ切れるだろ」と言われた。

†脱法の手口、巧妙に

前述の現役監督官の座談会は三年前のことだが、全労働の森崎委員長は、今も実態はほとんど変わっていないという。

森崎委員長は「相も変わらず、長時間労働や賃金不払いといった問題が多いが、近年感じるのは、企業の手口が巧妙になっていること。違法であれば監督官が是正指導できるが、労働環境がひどいのに違反に問えないケースが目立つ」と明かす。

第四章でも紹介した、残業代をあらかじめ給料に組み込む「固定残業代」が代表例だ。月百六十時間分の残業代を含めた給与にしていた会社は、給与から残業代を引けば最低賃金ギリギリだった。森崎委員長は「二十年前にはほとんどなかった仕組みだが、今は導入しているところは本当に多い。労基法の構造にマッチしていない不適切な制度であるが、一定の要件を備えれば合法と解釈されている」と問題視する。

社員に残業代を請求させないようなシステムにしている会社もあった。タイムカードのように客観的に労働時間を記録することをせず、あえて労働時間は社員の自己申告とする。その上で、成果給にして、残業が長い人はマイナス評価するような賃金体系に設定する。マイナス評価になって賃金が下がるぐらいなら、残業しても正直に労働時間を申告する社員はいないだろう。

森崎委員長は、脱法的な手口が巧妙化している背景として、一部の人事コンサルタントや社会保険労務士の存在を挙げる。「固定残業代を導入したら、賃金不払いはなくなりますよ」とか「裁量労働制にしたら残業代を払わなくていいですよ」と言って、経営者にアプローチしてくる悪質なコンサルタントなどが増えているという。

ただでさえ監督官の人手不足が叫ばれている中で、巧妙化する悪質な手口。企業の不正をただす労働Gメンの調査は難しさを増している。

†監督官の半数、残業代ゼロ制度に「反対」

厚労省関係の職員でつくる労働組合「全労働」が二〇一四年十一月、安倍政権が導入を目指している新たな労働時間制度について、現役の監督官にアンケートしたところ、半数以上が「導入に反対」と回答した。

新たな労働時間制度は、アンケートを行った当時、まだ厚労省の労政審で審議しており、制度内容は固まっていなかったが、後に「高度プロフェッショナル制度」、つまり「残業代ゼロ制度」として、二〇一五年四月に国会に提出された労働基準法改正案の柱となっている。労働行政の監督を担う番人ですら、労働時間規制の緩和に否定的な実態が浮かんだ。

アンケートは、現場で働く監督官二千人のうち一千三百七十人から回答があった。

労働時間の規制を除外する制度の是非を尋ねると、「反対」が五三・五%、「賛成」が一三・三%、「どちらとも言えない」が三三・一%だった。新制度導入による影響については、「長時間労働・過重労働がいっそう深刻化する」という懐疑的な意見が七三・四%を占めた。「長時間労働が抑制され、効率的な働き方が広がる」との回答は四・二%しかなかった。

労働時間規制に必要な対策を複数回答可で尋ねると、「実労働時間の把握義務の法定化」(七二・三%)が最も多く、「残業の上限規制の導入」(四五・五%)、「インターバル制度の導入」(一九・九%)と続いた。

†消えた「監督官の増員」

労働法制を取り締まる監督官ですら危惧する労働時間の規制緩和。「残業代ゼロ制度」導入にあたっては、安倍首相は「長時間労働を強いられることは絶対にあってはならない」と発言し、「働き過ぎ防止のために法令遵守の取り組み強化を具体化することが改革の前提となる」と力説していた。

残業代ゼロ制度への反発を打ち消そうとするかのように、当初産業競争力会議では、監督強化の一環として監督官増員の構想もあった。残業代ゼロ制度の原案となった長谷川閑史・武田薬品工業社長の「長谷川ペーパー」には、「労働基準監督署の人員強化」を明記。改革の大前提として「働き過ぎ防止」「ブラック企業撲滅」を掲げ、海外と日本を比較した雇用者一万人当たりの監督官数の表も添えていた。

しかし、翌月、規制緩和策をとりまとめた新成長戦略には、「人員強化」の言葉は消え、「労働基準監督署による監督指導を徹底する」との表現に後退していた。最終的に二〇一五年四月に国会に提出された労基法改正案の概要を記した建議には、「監督官の増員」との文言は消えていた。「労働者の最低労働条件の履行確保や労働条件の向上を図るために労働基準監督機関が所期の機能を発揮できるよう、不断の業務の見直しを行うとともに、その体制整備に努めることが適当」と、あいまいな表現になっていた。

二〇一五年四月には、企業の本社が集中する東京と大阪の労働局が、「過重労働撲滅特別対策班」を新設した。厚労省の監督強化策の一つだが、対策班設置に伴い監督官が大幅に増員されたわけではない。全労働の森崎委員長は「来るぞ、来るぞ、と世の中にアピールする「なまはげ効果」だけで終わらせないためにも、監督強化に向けたマンパワーは一定数必要だ」と訴える。

†労組も守ってくれない

「すかいらーくの組合はもう労働組合として機能していない。会社のご用聞きだ」

ファミリーレストラン大手「すかいらーく」（東京）の店長だった中島富雄さんは過労死する直前、妻の晴香さん（五九）に、こう漏らしたという。

すかいらーくに勤めていた中島さんは二〇〇四年八月五日朝、出勤しようとして玄関先で突然倒れた。十日後、搬送先の病院で亡くなった。死因は脳梗塞。四十八歳だった。

当時、中島さんは神奈川、静岡両県内の複数の店長をサポートする「支援担当店長」として駆け回っていた。毎月の平均残業時間は百時間を優に超えていたという。翌二〇〇五年三月、過労死として労災が認められた。その後も妻の晴香さんは、個人加盟ユニオンの「全国一般東京東部労働組合」（以下、東部労組）の支援を受け、二年にわたって「すかいらーく」と交渉を続け、職場環境の改善を約束させた。

すかいらーくには労働組合が存在する。日本最大の労働組合の全国組織「連合」傘下の企業内組合である「すかいらーく労働組合」だ。中島さんも、すかいらーく労組の組合員で、かつて組合役員も務めていた。中島さんはサービス残業の改善を訴えたが、身内であるはずの労組は冷たかった。失望した中島さんは、社外の東部労組に相談し、裁判に訴えることを決めた。倒れたのは訴訟準備の最中だった。「会社をただすのが僕の使命だから」。中島さんは亡くなる直前、晴香さんに、こう告げていた。晴香さんは夫の遺志を継ぎ、東部労組の支援を受けながら、会社に職場の改善を約束させた。

中島さんの労災が認められた二カ月後の二〇〇五年五月に発行された業界専門誌に、晴香さんは目を疑った。すかいらーく労組委員長がインタビューに答えていた。「店長は忙しさも半端ではありません。しかし、本当にできる店長は、その中でも休みが取れるのです」

夫の過労死が自己責任だと言いたいのか。晴香さんは二〇〇七年七月、「過重労働に見て見ぬふりをしてきた」として、労組にも過労死の責任があったことを認めるよう求め、武蔵野簡易裁判所に調停を申し立てた。

労働基準法は一日の労働時間を八時間などと定める。ただ、労使間で36協定を結んで労基署に届け出れば残業させられるとしている。すかいらーく労組は晴香さんの訴えを否定し、36協定届の開示さえ拒もうとした。協議は決裂し、調停は成立しなかった。

まだ調停が行われていた二〇〇七年十月、今度は埼玉県内の店舗でも三十二歳の男性店長が過労死した。この店長も月八十時間を超える残業をしていた。

すかいらーく労組の山崎大輔事務局長は、二〇一三年に取材した際、「組合は過重労働防止にはきちんと取り組んでいる」と反論した。

中島さんが亡くなった当時のすかいらーく社長は、初代の労組委員長だった。歴代委員長も後に会社幹部へと上り詰めた。晴香さんは憤る。「経営者のほうしか向いていない労組なんて要らない」

†「連合は企業の労務課か」

厚労省は通達でおおむね月八十時間を超える残業を過労死との因果関係が強い「過労死

ライン」とし、長時間労働の抑制を指導している。しかし、国内大手の36協定の調査では、七割の企業が八十時間以上の残業を容認。36協定は労使合意が前提で、労組側は過重な残業を拒否できる建前だが、実際は防波堤の役割を果たしていない。

国内大手の企業の多くは、労組の総本山「連合」傘下の企業内労組が存在し、36協定の締結にかかわっている。二〇〇〇年以降で過労死や過労自殺のあった企業の36協定の調査では、労働組合がある企業のほうが、残業の上限時間が高いという結果も出た。

二〇一二年、36協定の調査を東京新聞で掲載したところ、読者から「労働組合があるのに、なぜ?」という問い合わせが数多く寄せられた。東京新聞に掲載された投書を紹介しよう。

七月二十五日付本紙一面「七割が過労死の基準以上」の記事に愕然《がくぜん》とした。かつての右肩上がりの時代は労働基準法をはじめとする労働三法は労働者の身体と身分は守ってくれた。

ところが今、労働基準法は抜け穴だらけで労働時間は事実上無制限に近いという。企業競争とはいえ、リストラが大手を振る大企業優先。去るも地獄、残るも地獄。その怖さのため、下請け企業も含めて数字に表れないサービス残業では過労死の認定さえも難しい。労働基準監督署はこの把握に努力しているだろうか。

しかし、誰も過労死認定を喜んでいるわけではない。いつも健康で働いてほしいのだ。連合は労働者を守る立場を放棄して企業の労務課に変身してはいないか。企業で働く労働者は、第二次大戦で国を守るためとの美名の下、死をもって殉じた人々をほうふつとさせる。

（八月）八日付の紙面（一面、社会面）で、いまだに長時間残業をやっている会社があるとの記事には、正直びっくりしました。ましてや、その多くが大企業だというのだからあきれます。

私が若い時は、神武景気といわれていた時代でした。私も月二回ほどの徹夜作業がありました。夜九時から翌朝十時が定時で、最高では二百時間近くの残業をしたこともあります。

こんなことを続けていれば、体を壊すのが当たり前です。過労死問題は労組の幹部がだらしないからです。労組の幹部の人たちは一般組合員のために汗を流してください。

二〇一二年十二月、連合に取材した際、こうした読者の声をそのままぶつけてみた。連合の新谷信幸総合局長は「健全な労使関係がある企業は、36協定の上限は高く設定していても、それとは別に規定を設け、長時間労働にならないようにしている」と説明。その上で、「そもそも八十時間を超える協定を、なぜ労基署は受理するのか」と批判の矛先を行政に向けた。

労働基準監督官の経験が長い全労働の森崎委員長は、連合の主張にくみしない。「36協定は本来、労組が「うん」と言わなければ一分たりとも残業できない強力な制度。労組が使用者ときちっと交渉するだけで、長時間労働の十分な歯止めになる。労組が「残業は月四十五時間まで」って言えば、職場が変わる」

†止まらない組合離れ

不当解雇やパワーハラスメントなど職場のトラブルは増加傾向にある。二〇一三年度、個別の労働紛争について全国の労働局に寄せられた相談は二十四万件に上った。二〇〇九年度以降、二十五万件前後を推移している。

職場の劣化が広がっているにもかかわらず、労働組合離れに歯止めがかからない。憲法は、労働者が団結し、会社と団体交渉したり、行動（争議）したりする権利を保障している。全労働者に占める組合員の割合は、一九四九年の五五・八％をピークに年々低下しており、二〇一四年は過去最低の一七・七％にまで落ち込んだ。なかでも、主流の企業内労働組合の元気がない。

企業内労組は、企業ごとに正社員で構成される労働組合だ。終身雇用、年功序列と並んで戦後の日本型経営の「三種の神器」と呼ばれた。労使協調路線のもと、企業は利益を伸ばし、企業内労組は賃上げという成果を勝ち取れた。労使が運命共同体として利益を追求する企業内労組の存在が、高度経済成長を支えてきた。

経済が停滞すると、ＷＩＮ・ＷＩＮの労使関係も崩れていく。存在感を示してきた賃上げで芳しい結果が出ない。賃上げという最大公約数の利益を考えていればよかった成功体験から抜けきれず、労働者が抱える個別の問題に関与しようとしない。企業内労組の存在意義が薄れつつある。

代わって、個人でも加盟できる労働組合「ユニオン」が、個別の労働紛争の駆け込み寺として存在感を増している。前述のすかいらーく社員の過労死のように、企業内労組がありながら、ユニオンに駆け込むケースは少なくない。

†労働者の五割「労組に期待しない」

前述したように石油プラント建設業の新興プランテックの過労自殺では、月二百時間まで残業できる36協定に合意した企業内労組も責任を問われ、遺族から訴訟を起こされた。過労自殺のあった二〇〇七年当時の36協定は、「納期が切迫し間に合わないときは労働組合に報告することにより、一カ月二百時間まで延長することができる」となっていた。

裁判で責任を否定した新興プランテック労働組合は、組合の規約の中で、設立の目的として「組合員の労働条件を維持改善し、経済的、社会的地位の向上を図ること」と明記している。しかし、裁判での主張は、労組は過労自殺といった個別紛争に立ち入らないというスタンスが色濃く出ていた。

次のような主張だった。

「労働組合は労働条件の維持改善その他経済的地位の向上を図るため、労働者が自主的に組織し、活動するための団体であり、また使用者との関係において対等な立場を確保しようというものであり、労働組合に所属する個々の労働者に対して具体的な義務を負うような団体ではない。労組が個々の労働者の労働時間を適正に把握しなければならないとすると、労組に従事する労働者の負担が極めて過重なものとなり、本来果たすべき労組の意義が失われることになる」

シンクタンク「連合総研」（東京）の龍井葉二前副所長は、「労務管理の個人化が進む中で、賃金査定、時間管理、ハラスメントなど、問題はますます個別化し、紛争も個別化している。労働組合はこれまで、みんなに共通する問題を取り上げて労使交渉に持ち込んできたため、こうした個別の課題は脇に置かれがちだった。個別の課題でもみんなで共有できる課題として取り上げていかないと、新たな組合活動の活性化は望めない」と話す。

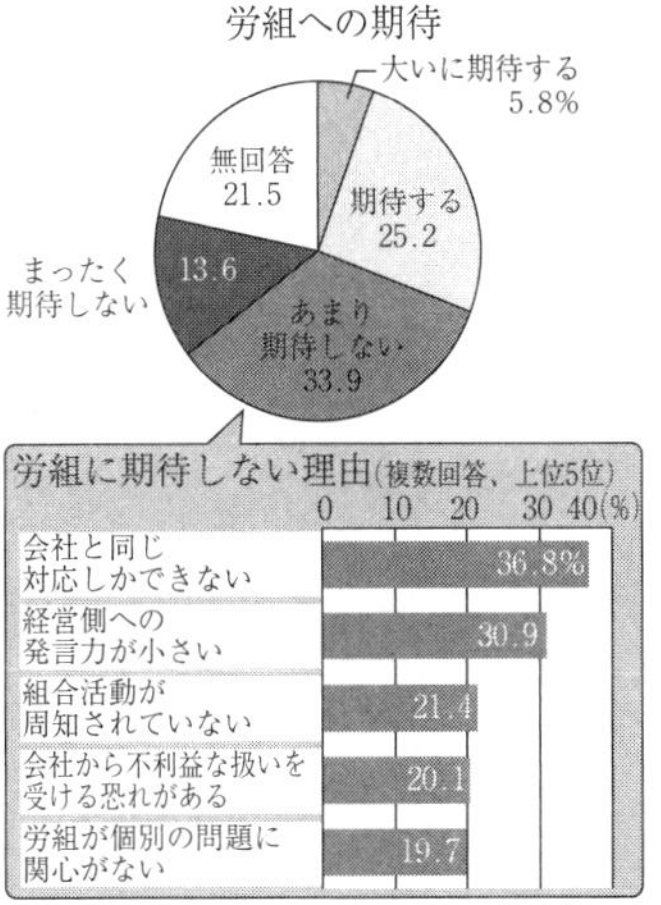

出所）2007年の労働政策研究・研修機構調査

図表21　労働組合に対するアンケート調査

労働政策研究・研修機構の二〇〇七年の調査では、労組に期待しないと回答した労働者は四七・五％に上った。期待しない理由のトップは「会社と同じ対応しかできない」（三六・八％）だった。「（労組に相談すると）会社から不利益を受ける恐れがある」（二〇・一％）という回答まであった。

働く人たちを守るはずの労組が受け皿になり得ていない。ただ、今も日本の働き方を左右する大企業には、ほとんど企業内労組が組織されている。存在感が薄れつつあるといえども、その影響力は無視できない。

労組問題に詳しい甲南大学の熊沢誠名誉教授は「一人のために労働者が連帯すれば職場は変わる。働き過ぎやメンタルなど個人の受難に寄り添うことが、労組の復権につながる」と訴える。

†後絶たない職場うつ

メンタルヘルスに対する企業の関心は高まっているが、職場のうつは後を絶たない。企業が対策を講じていないわけではない。

厚労省の労働安全衛生調査によると、二〇一三年にメンタルヘルス対策に取り組んでいる企業の割合は六〇・七％に上る。従業員三百人以上の企業では九〇％を超えている。二〇〇七年時点で三三・六％だったことからすれば、この六年で倍近くにまでメンタルヘルス対策は企業に広がったことになる。問題は、その効果だ。過去一年間でメンタルヘルス

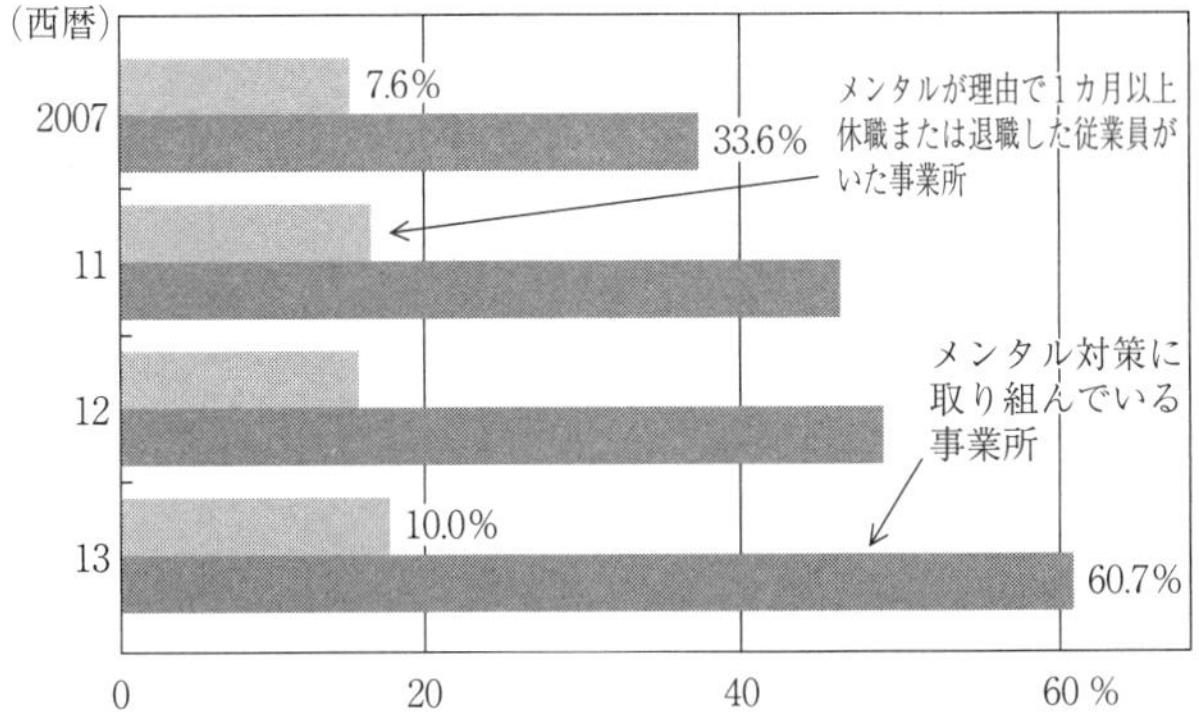

出所）厚労省の労働安全衛生調査など

図表22　メンタル対策は進むが不調者は減らない

上の理由で連続一カ月以上休職または退職した従業員がいる企業の割合は、二〇〇七年の厚労省の調査で七・六％だったが、二〇一三年調査では一〇・〇％にまで伸びた。

精神疾患の労災認定の件数も増えている。二〇一四年度は四百九十七人に達し、過去最多を更新した。大和総研が二〇一四年、上場企業を対象に行った「健康経営度」調査では、九〇％の企業が対策を実施していると回答したが、そのうち半分以上の企業が「対策が不十分」と答えていた。

「職場環境が改善されず、形だけの対策になっている」と言うのは、自死遺族支援弁護団の生越照幸弁護士。「メンタル不調者が出た場合、仕事が原因か否かを調査し、必要に応じて職場環境を改善しようとしている企業は多いとは言えない。職場環境の改善は、経営のあり方にも影響を与えるからだ。しかし、過重労働を減らすなど職場環境を変えることで、働く満足度が上がり、休職者の減少や生産性向上につながる」と説明する。

†「メンタル対策、器だけ」

「社員への啓発、管理職教育、カウンセラーの雇用……（中略）……。当時、東芝が全国の企業の平均的水準を上回るメンタルヘルス対策を実施していたことは確実」

二〇一〇年九月、東芝は、うつ病を発症した元社員、重光由美さん（四七）の解雇をめぐる控訴審で、こうした産業医の意見書を提出した。

重光さんは一九九〇年に技術職として入社。二〇〇〇年秋から、埼玉県の深谷工場で「M2」と呼ばれる液晶生産の新規プロジェクトを担当することになった。次世代の液晶画面として他社に先駆けた事業で、液晶の大きさは当時、世界最大だった。深谷工場には百人近いエンジニアが集められた。重光さんは「社運を賭けたプロジェクトだった」と語る。

前進の「M1」のプロジェクトでは開発に時間がかかったということで、会社上層部から「もっと早く作れ」との指示が下り、M1で一年一カ月だった開発期間を半年で完成させることになった。

タイトな開発スケジュールに、相次ぐトラブル対応。計画の遅れを取り戻すための繁忙な日々が続いた。やがて体が悲鳴を上げた。プロジェクトに加わって約半年後、うつ病を発症する。上司に何度も「担当を外してほしい」と訴えていた。

重光さんだけではない。長時間労働が恒常化し、プロジェクトの他のメンバーも疲弊していた。重光さんがうつ病発症後、同僚の男性二人が相次いで自殺し、一人は後に過労が原因として労災が認められた。

改善されない労働環境に、重光さんのうつ病は悪化していき、二〇〇一年五月ごろから休みがちになった。産業医に不眠や頭痛を訴えたが、制限勤務は不要と判断された。体調不良で仕事を休み自宅で寝ていると、上司が「明日の会議に出てくれないか」と電話してくることもあった。二〇〇一年九月、休職に追い込まれた。復職もかなわず休職期間が満了した三年後、会社から解雇を言い渡された。

管理職教育を受けていたはずの上司は法廷で、病気休暇を十二日間も続けて取るほど疲弊した部下の不調のシグナルに「頭痛だから気にならなかった」と発言した。産業医も意見書で「精神科の専門医であっても見抜くのは至難の業」と反論した。

二〇一一年二月、東京高裁は一審判決に続き、東芝の安全配慮義務違反を認め、解雇は無効とした。上司や産業医の過失も認めた。ただ、控訴審判決は、「重光さんが精神科への通院歴などを会社に申告しなかったため、会社が対策を取れなかった」と重光さんにも落ち度があったとする東芝側の主張を認め、一審の賠償額を減額した。

重光さんは上告。二〇一四年三月、最高裁は、重光さんが体調不良を訴え、欠勤を繰り返していたことから、「会社は過重労働と認識しうる状況で対応は可能だった」と判断。二審判決を破棄し、賠償額を算定し直すため、東京高裁に審理を差し戻した。

裁判は現在、東京高裁で和解協議中だ。東芝は「最高裁判決を重く受け止め、差し戻し審で当社の考えを理解してもらえるよう真摯に対応している」とコメントしている。

「当時の東芝のメンタル対策は先進的だったかもしれないが、それを使いこなせていなかった。器だけだった」。そう語る重光さんは、今も療養を続けている。

「職場うつ」という言葉もなかった二〇〇四年、重光さんが東芝を訴えたとき、インターネットで「うつ病で会社を訴えるなんて甘えだ」などとバッシングを浴びた。メンタル不調者の増加に伴い、メンタルヘルスに対する社会の目も変わりつつある。会社の責任を全面的に認めた最高裁判決に、重光さんは自身の思いを託す。

「社会でメンタルヘルス対策が向上してほしいと思い、裁判を闘ってきた。今回の判決がそのきっかけとなれば」

†長時間労働改善を訴え解任

前述の産業医とは、職場で従業員が健康に働けるよう指導・助言する医師のことで、労働安全衛生法で従業員五十人以上の企業には選任する義務がある。健康診断や面接、職場の巡視などを行い、従業員の健康確保のため事業者に勧告ができる。

「合同会社パラゴン」（東京）代表で、労働衛生コンサルタントの櫻澤博文さん（四五）は「産業医は、従業員の健康を守る最後の防波堤という立場。その産業医からの〝最後通牒〟である「勧告」に対して、企業は尊重する義務が法律にある。しかしながら現実には無視されている。これでは企業の健全度は荒廃し、ブラック企業が跋扈するばかり。驚くことに、会社側の意見と相容れない産業医を容易に解任したり、退任を支援したりするような仕組みを備えた健康管理受託業者さえ見受けられる」と説明する。

実際に、ある医師は、東京都内の大手外資系企業から産業医を解任された経験を持つ。

二〇一一年ごろ、一カ月間に十五人がうつ病を発症する事態に、精神科医は会社に長時間労働を改善するよう勧告した。ところが、会社幹部から「会社はそんなきれい事では済まないんだよ」と突き返された。この医師は次の更新時、産業医の契約を切られた。

櫻澤さんは「病気にならせない支援や、なったとしても、丁寧な回復支援をしたら、現場に戻れるのに、余裕のなさや成果主義、更には四半期ごとの決算や業績評価が、そうした企業の成長性や人材投資力を奪って、目先だけの利益の搾り出しに、躍起にさせている」と問題点を指摘する。

二〇一四年六月、メンタルヘルス対策の充実を目的に、企業にストレスチェックを義務付ける労働安全衛生法が改正された。これにより、二〇一五年十二月から、従業員五十人以上の企業は年一回以上、従業員のストレスチェックをしなければならなくなった。企業はチェック結果を従業員に通知し、従業員が希望した場合は医師の面接指導を行うことになる。

櫻澤さんは、産業医としての立場から「ストレスチェック義務化に当たり厚労省は、産業医を中核に据えて実施させるべく通達などを出したが、そもそも労働者が仕事しやすい環境整備に腐心する産業医を煙たがる企業があっては意味がない。ブラック企業と揶揄されるような企業に限らず、国は、国家資格である労働衛生コンサルタントを持つ医師に、労務管理の監査役をさせるような行政指導があってもいいのでは」との見解を示す。

†人事担当もジレンマ

東芝のように裁判で会社に多額の賠償金を命じられる例が増えており、訴訟リスクから企業もメンタルヘルスは無視できなくなっている。しかし、経営合理化が進み、職場の負担は高まっている。上司も部下一人ひとりに目を配る余裕はない。

「メンタル不調者を減らせ。でも経営の合理化は止められない」とのスタンスに、社内のメンタル対策を担う人事担当者はジレンマを抱えている。

大手食品メーカーの人事担当者は「それぞれの施策が連携できておらず、どのように職場環境の改善につなげるかは現場任せ、人事任せになりがち。過重労働が問題と理解していても、トップはリスク回避として捉える。メンタルヘルスが生産性向上の取り組みと理解しつつも、コスト競争力の強化が求められる中で、即効性に乏しく効果が見えにくいことから、業務効率を優先せざるを得ない」と打ち明ける。

大手製鉄メーカーの人事担当者は、メンタル不調になる人のパターンが様々であることを対応の難しさに挙げる。「万人がパワハラやモラハラでメンタルになるのであればわかりやすく対処もしやすいが、最近は発達障害やそれに近い症状を抱えた若者が職場でのコミュニケーションがうまくいかずにメンタルダウンするケースも多く、必ずしも対応した上司や周りの社員のせいとも言えない場合もある。ある程度の試練や負荷をかけないと成長しないという話には、私自身も賛同するところもあり、配慮と育成との解が見いだせない」と率直な思いを明かす。

メンタル不調者が減らない現状については、「職場管理者の理解不足もあると思うが、それ以上に忙しくて、一人ひとりに目が向けられない現状が、メンタルダウンの遠因ではないか。コストダウンや生産性の向上が求められる中で、少ない人数で最大の効果を出そうと日々頑張っている現場にメンタルヘルス対策をお願いすることは、かなりハードルが高い」と語る。

メンタル対策に力を入れている東芝でも、メンタル不調者の数は横ばいだという。東芝広報室は「体調を崩される要因は、様々なライフスタイル（プライベートや仕事要因）、周囲からのサポート状況、個人のストレス耐性など複数の要因が複雑に関連するため、発症した従業員に対する管理職や人事担当者の対応方法を一律的にガイド化するのが難しい。発症をいかに未然に防ぐかについても同様だ」と説明していた。

第六章

長時間労働からの脱却

過労死という言葉が生まれて、三十年近くがたつ。働き過ぎから心身ともに追い詰められる「過労社会」をつぶさに目撃してきたのは、女性たちだ。ある日突然倒れた夫や子どもを日々、職場に送り出してきた。そんな愛する夫や子どもを失った女性たちが立ち上がり、過労死根絶へ大きなうねりが起きつつある。

不当に過酷な労働を強いる「ブラック企業」の問題も、長時間労働に依存した働き方に一石を投じた。利益を上げるために働く人の生活や健康は二の次とする経営論理は、今や企業にとって命取りになりかねない。脱長時間労働に向けた動きを追った。

†過労死防止法が成立

二〇一四年六月二十日、過労死防止策を初めて国の責務と定めた「過労死等防止対策推進法（過労死防止法）」が、参院本会議で可決、成立した。本会議場の傍聴席では、遺影を抱いた人たちが涙を流して抱き合っていた。その中に、議場に向かって頭を下げる女性がいた。

約三百五十人の過労死遺族でつくる「全国過労死を考える家族の会」代表の寺西笑子さん（六六）＝京都市伏見区＝だった。この法律は、寺西さんをはじめ過労死の遺族らが国に働き掛けてきた。「やっとここまで来た」。寺西さんは、これまでの長い道のりに思いをはせていた。

「国に要請しても裁判に訴えても過労死は減らない」

「全国過労死を考える家族の会」の寺西代表は二〇一一年十一月、衆議院議員会館で、過労死を防止するための法律制定を訴え、国会議員らを前にマイクを握った。

寺西さんは一九九六年、外食チェーンの和食レストランで店長をしていた夫・彰さん（当時四九）を過労自殺で失った。夫は厳しいノルマを課され、年間四千時間にも及ぶ長時間労働を強いられていた。連日のようにパワーハラスメントを受け、死の直前、意に添わない異動を言い渡された。

翌年、労災を申請しようと、新聞に載っていた弁護士の電話相談「過労死110番」にかけた。応対したのが現在、「過労死弁護団全国連絡会議」事務局次長を務める岩城穣《ゆたか》弁護士だった。「まだ自殺の労災認定の基準はないので、今の認定基準では労災は無理や」と寺西さんに告げた後、こう持ち掛けた。「新たな基準を作るために僕たち弁護士は頑張っている。一緒に頑張りませんか」。以来、寺西さんは岩城弁護士と行動をともにしてきた。

†命より大事な仕事って

「過労死」という言葉は造語だ。公衆衛生学に取り組んでいた上畑鉄之丞医師が一九八二年、他の医師と連名で出版した書籍に初めて登場した。社会の悲鳴をすくい取り、世間に警鐘を鳴らした意味で「ブラック企業」という言葉と通じる。

長時間労働が今ほど問題視されず、過労との因果関係も定かではなかった。当時は、働き過ぎで命を落としても突然死。労災が認められるケースはほとんどなかった。家族が過労で亡くなっても泣き寝入りするしかない。働き過ぎによる急死を防ごうと一部の弁護士や医師らが活動を始めたのは、この頃だ。岩城弁護士は「それでも当時は、会社の責任まで問う発想はなかった」と振り返る。

一九八八年に大阪の弁護士らが始めた「過労死110番」をきっかけに、遺族が立ち上がる。各地で家族の会が設立され、一九九一年に全国組織となった。遺族は弁護団と連携し、労災申請や企業の責任を問う裁判を次々と起こした。

労災認定に数年、裁判ならばさらに数年。会社側からほとんど協力は得られず、遺族自身が過労を示す内部資料や同僚の証言を集めて回った。勝訴すれば成功例として会員の中でノウハウを情報交換した。会員の裁判が先駆けとなって判例も生まれ、過労死への社会的関心も高まっていった。遺族の闘いが米国の新聞にも取り上げられ、「karoshi」として海外でも知られるようになった。

寺西さんも十年かけて会社側に責任を認めさせ、裁判で和解に至った。その後は、家族の会の代表として他の遺族たちを支援する側に回った。家族の会は労災認定のハードルを下げる原動力となった。過労死の主因である脳・心臓疾患と精神障害の労災認定率は、一九九七年度に約一三%だったのが、二〇一三年度には約四〇%にまで伸びた。

しかし、過労で命を落とす人は後を絶たない。かつて過労死と言えばバリバリ働く中高年が主流だったが、最近では若者が犠牲になるケースも目立つようになってきた。いまだに東証一部上場の大手企業の七割が、厚生労働省が指摘する「過労死ライン」の月八十時間以上の残業を認めている。経団連は「過労死は重要な問題だが、法律で残業時間の上限を定めるなど労働規制を強めれば、企業はますます活力を失い、成長は望めなくなる」と答えており、長時間労働に依存する体質は変わっていない。

そんな社会を変えようと、寺西さんたち遺族が訴えたのが法律制定だった。「日本人は身を粉にして働くことを美徳としてきた。だからこそ法律で決めて皆が守るようにせなあかん」と語る寺西さん。二〇一一年から署名活動や国会議員への働き掛けを行ってきた。集まった賛同署名の数は、法成立までに五十五万人を超えた。

「命より大切な仕事って何ですか」。家族を奪われた女性たちの叫びが、ついに国を動かした。

†異例の意見陳述

「四半世紀続いた過労死をなくし、明日にでも過労死するかもしれない命を一人でも多く

寺西さんの衆院委での意見陳述

2014年５月23日、過労死防止法制定を求め、衆院厚労委で遺族を代表して意見陳述する寺西笑子さん＝寺西さん提供

救うために法案を成立させていただきたいと切に願っています」

　二〇一四年五月二十三日、衆議院厚生労働委員会で、寺西さんは訴えた。異例の意見陳述は、「初めて過労死防止の法律ができるのだから、議事録に遺族の思いを残したい」という議員からの申し出だった。

　このとき寺西さんには、家族を失った喪失感を抱えながらも一歩が踏み出せず、無念な思いすら口にできない遺族の顔がよみがえっていた。泣き寝入りしている人たちの分まで過労死防止への思いを込めた。「懸命に育てた息子や娘を亡くした親は、親自身の人生までもが奪われ、乳飲み子を抱えた妻は、明日からの生きていく術さえ奪われるのです」。夫を失った思いや過労死がなくならない現実、法制化の必要性を切々と語りかけた。

　じっと耳を傾ける委員ら。正面の傍聴席には、一緒に闘ってきた家族の会の仲間たちが見つめていた。委員会室には、すすり泣く声が響いた。

寺西さんは直後の採決が忘れられない。全委員が一糸乱れぬ動きで、一斉にスッと立ち上がった。全会一致で衆院厚労委を通過。寺西さんが頭を下げると、委員全員から拍手がわき上がった。委員会後、委員の一人から「長年、厚労委員をしているが、法案が通って議員から拍手が起こるなんて初めて経験した」と告げられた。

過労死防止の法制化の動きが本格化したのは、超党派の議員連盟が発足してからだ。寺西さんは二〇一三年十一月以降、他の遺族とともに半年近く、週の大半を東京に泊まり込み、国会議員への陳情を重ねてきた。

待ち望んだ法律だが、作っただけでは社会は変わらない。実効性のある法律にするために、寺西さんたち遺族にとっては道半ば、これからがスタートだった。

†実効性ある法律に

二〇一四年十一月に施行された過労死防止法は、長時間労働などへの法的な規制のない理念法だが、国の責任で過労死を防止すると法律に明記した意義は大きい。

法律では、過労死防止対策として過労死の実態の調査研究や国民への啓発などを挙げている。調査研究の結果は今後の防止策や労働法制の改正に生かす。このほか遺族をメンバーに含めた協議会で、防止策を大綱にまとめることも義務付けている。

施行の翌月、協議会が始まった。「過労死等防止対策推進協議会」には、寺西さんら遺族のほか、有識者や労使の代表が委員として参加した。二〇一五年四月の協議会で、厚労省が大綱の骨子案を委員に示した。過労死の実態解明を柱とし、将来的に過労死ゼロを目指すと明記した。二〇一五年夏ごろに大綱をまとめる予定だ。

†矛盾

過労死防止の法律ができても、遺族たちの心は晴れない。

過労死防止の法制化の動きと並行して、労働時間規制の緩和として「残業代ゼロ制度」や裁量労働制の適用拡大が進められていたからだ。

過労死等防止推進対策法案の自民党案がまとまった二〇一四年四月下旬、政府の産業競争力会議では、民間議員の長谷川閑史・武田薬品工業社長が、「残業代ゼロ制度」の原案となる長谷川ペーパーを提出していた。過労死防止法が成立した四日後、安倍政権は、残業代ゼロ制度の導入を盛り込んだ新成長戦略を閣議決定した。

過労死をゼロにしようと宣言する一方で、企業活動を活性化させるために働き過ぎを歯止めする割増賃金（残業代）の適用を外そうとする。こうした国の政策は、過労死遺族たちの目には矛盾としか映らない。

寺西さんは「残業代ゼロ制度の導入でワーク・ライフ・バランスが進むなんて、働く現場を知らない人の机上の空論でしかない」と憤る。和食レストランの店長だった夫は店長手当の代わりに、残業代は支給されていなかった。売り上げのノルマがあって、下がると上司から「人件費を下げろ」「仕入れを下げろ」と迫られた。やむなくパートを減らして人出が足らなくなると、残業代が出ない夫が穴埋めした。必然的に長時間労働になる。「成果を求めるとはそういうこと。短時間で成果が出たら、会社は、さらに上の成果を求めようとしてくる」。寺西さんには、亡くなった夫の働きぶりから、残業代ゼロ制度は過労死防止の流れに逆行するものとしか思えない。

†埋もれた過労死

過労死という言葉が三十年以上前から存在するものの、今も年間で何人が過労で亡くなったか正確な人数は分からない。厚労省が公表している過労死や過労自殺の数字は、あくまで労災として認定された数にすぎない。

労災認定を受けるためのハードルは高い。会社から勤務記録を提供してもらえないがために過労の実態を立証できず、泣き寝入りすることは少なくない。精神的負担が大きく、労災を申請することすらできない人もいる。中には、会社が第三者に口外しないことを条件に示談を迫ってくることもある。過労死等防止対策推進協議会に参加する森岡孝二・関西大学名誉教授（企業社会論）は「労災申請に至らないケースは相当数ある。労災認定の背後に、少なくとも十倍の埋もれた過労死や過労自殺があるとみている」と話す。

実際、二〇一四年の警察庁の自殺統計では疲労や職場環境の悩みなど仕事を理由に自殺した人が二千二百二十七人いたのに対し、過労自殺（未遂を含む）の労災認定は二〇一四年度で九十九人にとどまっており、両者のデータに大きな開きがある。

二〇一五年五月に協議会がまとめた過労死防止法の大綱の素案にも、過労死の実態解明のため調査研究することが盛り込まれた。厚労省は今後、独立行政法人「労働安全衛生総合研究所」に設置されている「過労死等調査研究センター」で過労死の実態を調査する予定だ。国の取り組みとは別に専門家や弁護士、遺族らも、過労死の実態を独自で調査する「過労死防止学会」を発足させた。

森岡教授は「現状認識いかんによって、対策の流れも左右される」と実態調査の重要性を指摘。データの一元的な収集と分析を提言する。

†過労死企業名ブラックボックス

第三章で取り上げた36協定調査では、「過労死企業」百十社のうち、半分は今も過労死ラインの月八十時間以上の残業を認めていた。家族を過労で亡くした遺族らは「過労死を起こした企業名を公表すれば、企業も本気になって対策に取り組むはず」と訴える。だが厚労省は、どこの企業で従業員が過労で亡くなり、労災が申請されているのかの公表を拒んでおり、どの企業で過労死が起こったかはブラックボックスになっている。

厚労省は、労基署の指導に従わず、書類送検という刑事処分を行った悪質なケースに限り、社名を公表しているが、過労死や過労自殺の全体の数からすると、ごく一部に過ぎない。

二〇一二年三月、過労死のあった企業名を知ろうと、労災認定に関する文書を厚労省に情報公開請求した。過労社会の一端を示すこの文書は、二〇〇二年からの十年分だけでA3判二百六枚に及ぶが、企業名が全て黒塗りとなっていた。厚生労働省労働基準局監督課の担当者は「企業は「公表されるなら問題を隠そう」という発想になる。労働基準監督署が指導に入っても、正直に申告や調査に応じないなど監督行政に支障が出る恐れがある」と企業名を非開示とした理由を説明した。

†遺族、企業名開示求め提訴

企業名の開示をめぐっては、遺族と国が裁判で争った。「全国過労死を考える家族の会」は、企業名公表という社会的監視によって過重労働に歯止めをかけようと、二〇〇九年三月、大阪労働局に労災認定に関する公文書の情報公開を請求した。結果は同様、労働局が開示した文書は企業名の部分などが真っ黒だった。

「国は自分たちに任せてくれと言いたいのだろうが、国や企業に任せても過労死は減っていない。企業名を開示することで、職場環境の改善に努めるきっかけとなり、他の労働者も自分の働き方を見直し、健康や生命を守ることにつながるはずだ」。家族の会代表の寺西笑子さんは二〇〇九年十一月、企業名の開示を求め、国を相手に大阪地裁に提訴した。

国は裁判で、「企業の社会的評価が下がる」「労基署の監督や調査で企業の協力が得られなくなり、労災認定の手続きが遅れる」「労災を申請した人のプライバシーが侵害される」と主張した。

昨年十一月の大阪地裁の判決は「国民主権の下、企業名は開示する意味のある情報で、開示により企業が調査に非協力的になるという根拠は認められない」「開示されても企業が直ちに取引先からの信用を失ったり、就職を敬遠されたりする証拠はない」として、寺西さんの主張を支持。企業におもねるような国の反論をはね付け、大阪労働局の不開示決定を取り消した。

国は判決を不服として控訴した。

†風評被害を懸念する企業

控訴した国が武器として用意したのが、「企業の声」だった。

大阪労働局労働基準部労災補償課が、関西の企業でつくる経済団体「関西経済連合会」などを通して管内の企業に対して次のようなアンケートを送付したのだ。

「企業名を公表した場合、何らかの不利益が生じると思われますか？」「はいと回答された場合、具体的な理由を教えてください」

回答した三百七十四社のうち、七九％の二百七十四社が、労災企業名の公表で不利益が

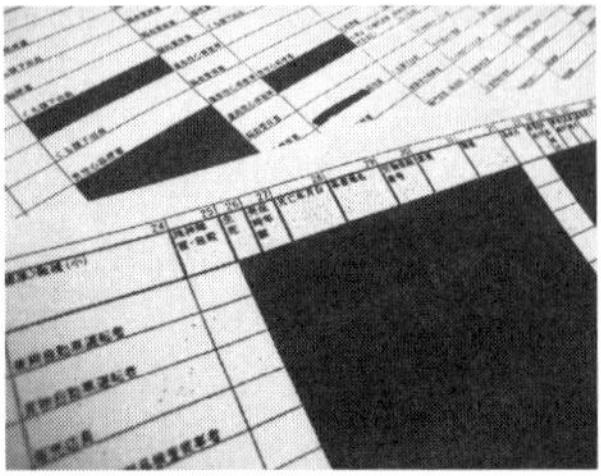

黒塗りの行政文書

過労死を起こした企業名が黒く塗りつぶされた労災認定に関する開示文書

「ある」を選んだ。報道によるマイナスイメージや新卒・中途採用者の応募者の減少、取引先への悪影響などを理由に挙げていた。

具体的には、「インターネットなどを通して「ブラック企業」と呼ばれる」「企業が一〇〇％悪いケースでなくても、情報が一人歩きする」「一度の過労死事故で恒常的に過労死を招く企業であると誤解される」「株価の下落を懸念する」といった回答だった。

「公表により社会的な監視が高まり、企業の労働条件などの自主的改善を促進できる」などの理由からの開示はやむを得ないとの回答もあったが、少数意見だった。

関西経済連合会労働政策部の担当者は、「ネットでは無責任な情報が飛び交っており、面白おかしく「ブラック企業」というレッテルを貼られる恐れがある。不買運動など悪影響を懸念する企業は多い」と主張する。中小零細企業では、風評一つで会社倒産につながりかねないという。

覆った判断

二審の判断は一転した。

二〇一二年十一月、二審の大阪高裁判決は、「労災認定されただけで「ブラック企業」という否定的評価がされ、企業の利益が害される」という国側の主張を全面的に認め、寺西さんの訴えを退けた。「ブラック企業」と中傷され、企業に風評被害をもたらしかねないという企業の主張を追認するものだった。

「ブラック企業」とは、社員に過酷な労働を強いるような企業を指す。IT業界で働く人たちの間で、ネットスラング（俗語）として使われていたのが、二〇〇〇年代後半ごろから急速に広まった。寺西さんらが勝訴した一審判決を報じたネットのニュースサイトには、「ブラック企業はどんどんさらした方がいい」「裁判所お墨付きのブラック企業リストができるな」などと、判決をあおるような書き込みが寄せられていた。

二審判決では、こうしたネットの書き込みなどを引き合いに出すことで、「過労死認定企業＝ブラック企業」という認識が社会に広まっていると導いた。

さらに「企業名が開示されたら、企業は不利益を恐れて、労働基準監督署の調査に応じなくなる」として、労働監督行政に支障を来すという国側の主張も受け入れた。

社会保険労務士らでつくるＮＰＯ法人「あったかサポート」（京都）の笹尾達朗常務理事は一昨年、新聞紙上で「過労死企業名は、学生が就職先を選ぶ際に非常に分かりやすい指標になる」とコメントを寄せていた。二審判決は、この笹尾氏のコメントも逆手に取り上げた。笹尾氏は「法の番人である裁判官は、法を守るようただす立場にあるのに、労働基準法が形骸化している現実を追認している」と強く批判する。

最後に、最も大事な争点。企業名の開示が、労働者の健康や生命を守ることにつながるか。寺西さん側は、脳・心臓疾患の労災が認定された職場では、労災の発生原因となった過重な業務が、同じ職場環境や労働条件にある他の労働者にも課されている可能性が高いと指摘。そのような企業名を公表することで、企業が社会的な監視のもと、長時間労働など過酷な職場環境の改善に努めるきっかけとなり、また現にその職場で働く人たちにとっても、自分の労働環境を見直すきっかけになるとして、労働者の健康や生命を守ることにつながると主張した。

国側は、労災認定のあったある労働者が過労であるということは、その労働者の個別具体的な事情が大きいと反論した。判決も、「企業の労務管理などのみならず、労働者の職場における地位、責任、担当業務の状況、異常な出来事の発生、労働者本人の基礎疾患、その他様々な要因が複雑に影響する。労災認定のあった労働者が過重労働の状態にあったからといって、必ずしも他の労働者も同様の過重労働の状態にあったことにはならない」と、国側の主張を全面的に認めた。

その上で、労働者の健康や生命という利益と、企業の利益をてんびんにかけ、「労災認定のあった企業名を開示しなくても、違法ではない」と結論づけた。

遺族らは「人の命よりも企業利益を優先するのか」と怒りを隠さない。寺西さんは二〇一二年十二月、二審判決を不服として最高裁に上告した。「国は企業を擁護し、裁判所は必要以上に国に配慮した。人の命より企業利益を優先した判決だ。死に至る働き方を強いる企業を放置するわけにはいかない」と力を込めた。

しかし、寺西さんら遺族の思いは届かなかった。翌年十月、最高裁は上告を棄却。「ブラック企業と評価され、信用を損なう恐れがある」として過労死企業名を非開示とした国の決定を認める判決が確定した。

†鈍い企業の職場改善

従業員が過労死しても、企業の職場改善に向けた動きは鈍い。

第三章でも紹介したが二〇〇〇年以降に労基署や裁判で過労死が認定された企業百十社の半分がいまだに「過労死ライン」の月八十時間以上の残業を認めている。

百十社のうちの一つ、薬局チェーン「スギヤマ薬品」（名古屋市）は、裁判で企業責任を指摘されても、頑なに過労死を認めようとしなかった。

スギヤマ薬品の薬剤師だった杉山貴紀さん（当時二四）は二〇〇一年六月、自宅で倒れた。亡くなる直前の時間外勤務は月百三十時間を超えていた。三年後、労災が認定されると、杉山さんの両親は会社に謝罪を求めたが、会社は「過労死ではない」と拒否。それどころか裁判になると、同社は「虚言癖がある」と訴えた両親を中傷し、労災認定した監督官にまで批判の矛先を向けた。

裁判は一審、二審とも会社の過失を認め、八千七百万円の賠償を命じる判決が確定した。両親は再発防止を求める手紙を社長宛てに送ったが、返事はない。私の取材にも会社は応じようとしなかった。杉山さんの父正章さん（七一）は「過労死は企業による殺人。企業名の公表だけでなく、経営者に罰を与えないと過労死はなくならない」と憤る。

『ブラック企業　日本を食いつぶす妖怪』の著者で、ＮＰＯ法人「ＰＯＳＳＥ」の今野晴貴代表は、「ブラック企業という批判をするときは慎重さが必要だ。面白がって使っている場合も多い」と、安易なレッテル貼りにはくみしない。

ＰＯＳＳＥでは、自己都合退職に追い込む「選別型」、低賃金で長時間労働を強いる「使い捨て型」、ハラスメントが職場で横行する「無秩序型」と分類し、ブラック企業の特徴を定義している。

今野氏は「ブラック企業とは「こんな働き方は続けられない」という労働者側の悲鳴から生まれた言葉。言葉の本質をすくい取って、意義付けすれば社会問題として多くの人の理解を得ることができる」と指摘。「過労死を起こした企業には重大な社会的責任があり、企業名の公表は当然だ。企業名だけでなく、労基署の認定理由など過労死の実態まで広く公開すれば、ブラック企業という言葉が独り歩きすることもないはずだ」と話した。

†偏ったキャリア教育

「職場で理不尽な待遇を受けても、仕方ないとあきらめてしまう。かつての自分もそうだった」

　ウェブデザイナーの山口猛さん（三四）＝仮名＝は振り返る。東京都港区のＩＴ企業で働いていた五年前、サービス残業を強いられた揚げ句、リーマン・ショックのあおりを受けて解雇された。残業代が出なくても当たり前だと思っていた。これが会社なんだと。同僚は月の労働時間が四百時間に及び、うつになった。

　泣き寝入りしなかったのは、後から転職してきた上司の存在があった。上司はかつて個人加盟ユニオンで働いていたこともあり、労働知識が豊富だった。

「これは違法だ。出退勤の記録を残しておけば残業代は取り返せる」。上司のアドバイスに、在職中からタイムカードをコピーしたり、勤務時間をメモしたりして証拠を集めた。雇用契約の書類は捨てずに残しておいた。解雇後、上司の紹介でユニオンに駆け込み、未払いの残業代を取り戻した。

　山口さんは「労働の知識やトラブルの対処法を知っておくことの大切さを身をもって感じた」と話す。

　しかし、学校や職場で労働者の権利や制度を学ぶ機会は極めて少ない。文部科学省が提唱するのは「働くことはこんなに素晴らしい」といった働く意欲を育むことに主眼を置いたキャリア教育だ。キャリア教育は、勤労観を身に付けるとともに、主体的に進路を選択する能力や態度を育てるための教育。一九九九年の中央教育審議会の答申で初めて登場した。若者のフリーターやニートの増加などから、学校での教育の必要性が叫ばれるようになった。代表的な取り組みは中高での職業体験や、大学でのインターンシップ。二〇一一年度からは大学設置基準で、キャリア教育へ取り組むことが義務化された。

学生のインターンシップ（就業体験）は盛んだが、そこで、入社後に実際直面する可能性のあるトラブルへの対処法を学ぶことはほとんどない。

†若者に労働法教育を

最近では無知につけこみ、過酷な働かせ方で若者を使い捨てにする「ブラック企業」の存在が問題視されている。働くルールや権利を知らないまま、社会に放り出される若者はブラック企業の前に、あまりに無防備だ。

厚生労働省の調査によると、二〇〇九年三月の大卒者で入社後三年以内に仕事を辞めた人は二八・八％に上る。

国は二〇一二年、若者の雇用環境を改善しようと「若者雇用戦略」をまとめた。ここで

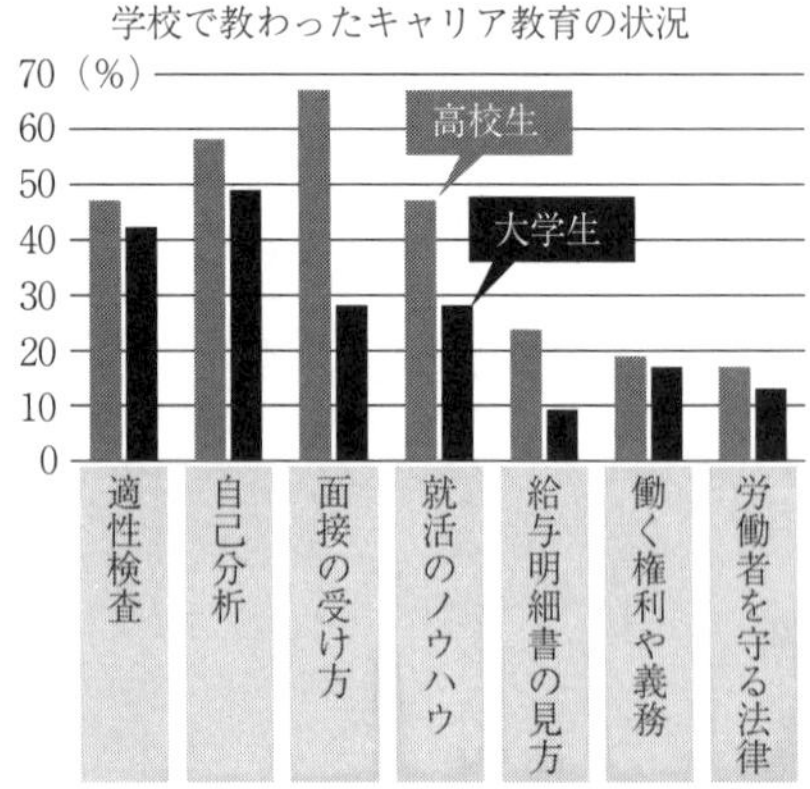

※2012年度。あったかサポートの出前授業参加者に調査。高校生691人、大学生774人が回答

出所）「東京新聞」2013年6月5日付朝刊

図表23　労働法アンケート

も議論の中心は、キャリア教育の充実や学生の大手企業志向と求人のミスマッチ解消ばかり。根底にある過重労働やサービス残業など、働く現場の問題にまで踏み込むことはなかった。

二〇一二年五月、若者雇用戦略の最後の作業部会の席上、メンバーの上西充子・法政大学キャリアデザイン学部教授は、事務局が用意した原案に異を唱えた。「厳しい環境はしょうがないという前提で、骨太の若者を育てるという雇用戦略がまとめられるのは、非常に大きな問題を感じる」

上西教授は「労働法教育の普及に程遠い現状の中で、ブラック企業に入るのは自己責任であるかのように若者を追い込むのは酷だ」と訴える。

社会保険労務士らでつくるNPO法人「あったかサポート」（京都）は、二〇〇六年から大学や高校で労働法教育の出前授業を行っている。労働条件を知るための求人票の見方など実践的な労働知識を教えるほか、困ったときの対処法や相談窓口を紹介している。

あったかサポートの笹尾達朗常務理事は、偏ったキャリア教育に疑問を投げかける。「これだけ若者の雇用が悪化しているのに、希望や夢だけ教えるのは無責任。学校教育の中で、身を守る術や働くリスクまで教えるべきだ」

†国も「ブラック企業」対策に本腰

若者を取り巻く労働環境の悪化に、ようやく国も目を向け始めた。

二〇一三年九月、厚生労働省は、ハローワークへの電話相談などをもとに「若者の使い捨てが疑われる企業」への立ち入り調査に踏み切った。その結果、対象とした全国五千百十一事業所のうち八二%の四千百八十九事業所で、違法残業や賃金不払いなどの違反が見つかった。違反の内訳は、36協定の上限を超えて長時間労働をさせる違法残業が四三・八%の二千二百四十一事業所、サービス残業は二三・九%の一千二百二十一事業所に上った。長時間労働が指摘された二千を超える事業所のうち、過労死ラインの月八十時間以上の残業があったのは半分近くを占めていた。

翌月には、厚労省は、業種単位ではあるものの、入社三年以内に会社を辞めた離職率を初めて公表した。大卒全体の離職率は約二八％。業種別では、教育・学習支援業、宿泊業と並んで、ワタミフードサービスのような飲食サービス業が最も高く約四八％に上った。

「ブラック企業」を風評とみなし、過労死企業名を拒んできた国の姿勢にも変化が現れた。二〇一五年三月二十七日の参議院予算委員会で、安倍首相は「社会的に影響の大きい企業が違法な長時間労働を繰り返している場合には、（労基署が）是正を指導した段階で公表する必要がある」とし、書類送検するような悪質なケースに限り公表してきたルールの見直しを表明した。

方針転換に安倍首相は「長時間労働は過労死等にもつながりかねない問題。目に余る状況が続いているから企業名を公表しろという強い国民の声があり、私もその通りだと思っていた」と説明し、「これまでの措置を一歩進め、法違反の防止を徹底し、企業における自主的な改善を促す」と語った。

安倍首相の答弁を受け、厚労省は二カ月後、違法を繰り返す「ブラック企業」の企業名を公表する新たな基準を発表した。対象は、複数の都道府県に支店や工場を持つ大企業。賃金未払いの労基法違反や月百時間を超える残業が、一つの事業所で十人以上か四分の一以上の従業員で行われており、こうした実態が一年ほどの間に三カ所以上の支店や工場で繰り返されていることが公表の条件とした。

厚労省監督課の担当者は「長時間労働対策として、早期是正を図るため行政指導の段階での公表に踏み切った」と説明する。過労死企業名については「労災認定は必ずしも法違反とイコールではない。今回の公表は法律違反を繰り返す企業が対象であり、過労死として労災認定された企業と同列に論じることはできない」としている。

†高まる「ブラック企業」批判

第五章で紹介したワタミフードサービスの過労自殺。森美菜さんの労災認定が報道された直後、親会社ワタミの創業者である渡辺美樹・参院議員は「労務管理できていなかったとの認識はありません」と自身のツイッターに書き込んだ。この書き込みに端を発し、ワタミは「ブラック企業」の象徴のように激しいバッシングにさらされた。

ワタミは、グループ全体の二〇一四年三月期決算で、一九九六年の上場以来、初めて赤字に転落した。もうけを示す当期利益で、赤字額は四十九億円。主力の国内外食事業の経常利益だけで見ると十一億円の赤字となった。

「ブラック企業ではない」と反論していたワタミも、森さんの労災認定から二年後の二〇一四年三月、居酒屋「和民」など全国のチェーン店の一割に当たる六十店舗を二〇一四年度中に閉鎖し、労務環境の改善に取り組むことを発表した。流通業界の専門紙「日経MJ」（二〇一四年四月二十八日付）によると、その年の三月初旬の役員会で、桑原豊社長（当時）が「労働環境を良くするには店舗の閉鎖しかない。今ここで対処しなければ企業の存亡にかかわる」と決断したという。二〇一四年度からは居酒屋の半分の店舗で定休日を設けた。

しかし、ワタミは森さんの労災認定から三年以上たっても、「ブラック企業」のレッテルをはがせない。

二〇一四年度は当初、グループ全体で七十億円の赤字を見込んでいたが、最終的に赤字額は百二十六億円にまで膨らんだ。閉鎖した居酒屋も六十店舗から百店舗に上った。二〇一五年度は、さらに八十五店舗を閉鎖する。ワタミ広報部は「業界全体でも居酒屋は厳しいが、それ以上にうちは厳しい。社員のモチベーションも下がっている」と話す。

若者の居酒屋離れという要因もあろうが、ワタミが被った代償は、あまりにも大きかった。

「労基法を守っていたら会社が潰れる」と社員に威圧的な発言をしていたエステサロン「たかの友梨ビューティクリニック」を運営する高野友梨会長にも、社会の批判が集まった。この従業員を支援していた「ブラック企業対策ユニオン」が記者会見して、経営者の低い順法意識が明るみになった結果、高野会長は不適切な発言を認め、社員に謝罪する事態にまで発展した。

「ブラック企業」批判が、会社の意識を変えた。会社と組合が話し合い、二〇一五年二月、働きやすい職場をつくるために「ママ・パパ安心労働協約」と題する労働協約を結んだ。若い女性社員が多いことから子育て社員に配慮し、子どもが小学校入学までは短時間勤務が認められ、小学校在学中は残業が免除されることになった。

†「ブラック企業」命取り

「ブラック企業」批判を浴びる企業は、深刻な経営危機にまで直面している。「赤信号、みんなで渡れば怖くない」という法律を無視した経営論理は、もはや命取りになりかねない。

総務省の労働力調査によると、十五〜二十四歳の若者労働力人口は、二〇〇三年に六百七十万人だったのが、二〇一三年には五百二十三万人と、この十一年間で百五十万人近く減っている。コストを切り詰め、デフレ下の激安商戦で成長してきたチェーン型経営は、人材の買い手市場であった時代、いくら若者を使い潰しても新たな労働力を確保できた。

二〇一二年秋以降の円安により、景気が明るさを取り戻すようになると、人手不足が新たな難題として企業に降りかかるようになる。すでに労働人口の減少は進行していたが、景気低迷により表面化していなかっただけだ。一転して売り手市場になると、「ブラック企業」と批判されてきた企業は、真っ先に敬遠される存在となった。ワタミでも、二〇一四年四月入社の新卒社員は、採用目標の半分の百二十人にとどまった。

牛丼店「すき家」を運営する外食大手「ゼンショー」(東京)では二〇一四年に入ってから、人手不足のため一部店舗が休業に追い込まれた。

親会社の「ゼンショーホールディングス」(東京)は、この年の二～四月にかけて、最大百二十三店で一時休業、百二十四店で深夜や早朝の営業を休止した。経営陣は、人手不足と仕込みに手間を要する新商品の導入に伴い、従業員の負担増が深刻化したことを重く受け止めているとして、「すき家」の労働環境改善を進めると宣言した。深夜の一人勤務「ワンオペ」を廃止し、二人以上配置したことで人件費が膨らんだ。ゼンショーは二〇一五年三月期決算で、一九九七年の上場以来初となる百十一億円の赤字となった。

†待遇改善の動き

今や、しっぺ返しの状態にあるチェーン型経営。各社とも従業員の待遇改善を打ち出し、人材の囲い込みに必死だ。非正規の契約社員を正社員化する動きが広がっている。中でも、転勤や残業のない「限定正社員」を採用する企業が目立つ。

「ブラック企業」と批判を浴びた、衣料品店「ユニクロ」をチェーン展開する「ファーストリテイリング」(東京)も、その一つだ。

同社は二〇一四年四月十一日、パートやアルバイトを、勤務地を限定した正社員に登用すると発表した。当時、約三千四百人いた正社員を五倍にまで増やす大規模な人事制度の転換に、世間から驚きの声が上がった。

限定正社員は、残業や転勤がない代わりに正社員に比べて給与や昇進は劣るが、非正規労働者のように一定期間ごとに会社と契約を結ぶ必要はなく、長期間安定して働ける。安倍政権の成長戦略の中でも推奨され、注目が高まっている。

ファーストリテイリングでは、これまで新卒の正社員すべてに海外で活躍できるようなエリートを目指すよう求めてきたという。高い要求に現場は疲弊。離職率が高まり、「ブラック企業」との批判を浴びた。国内のユニクロ店や中国工場での過酷な労働実態を告発した書籍に対する名誉毀損訴訟でも、二〇一四年十二月に同社の敗訴が確定した。「グローバル化を急ぎすぎ、職場にひずみが出ていた」と広報担当者は振り返る。柳井正会長も、正社員化計画の記者会見で「(ブラック企業との批判が)一つのきっかけにはなったかもしれない」と語った。

†非正規化の反動

限定正社員の広がりを、労働政策研究・研修機構の濱口桂一郎統括研究員は「行き過ぎた非正規化の反動」と分析する。

コスト削減を意識するあまり、職場ではノウハウやスキルの低下をもたらした。企業の生産性への影響も懸念されている。この十年来、企業は経営の効率化から、雇用の調整弁として非正規労働者を増やしてきた。非正規雇用をめぐっては、低賃金や不安定な雇用保障がしばしば問題になり「人材の使い捨て」と批判が根強かった。労働者全体の三分の一を占めるまでに拡大した今、しっぺ返しのように人材確保が、重要な経営課題として企業にのし掛かっている。スキルやノウハウのない非正規労働者が増え、企業の求める人材が集まりにくくなったのだ。

加えて、少子高齢化や景気回復により、若年層の人材不足に拍車がかかっている。少子化が進む日本で労働人口の減少は避けられない。待遇改善を図ることで、優秀な人材を囲い込み、社員のやる気を引き出そうとする企業の思惑がのぞく。

非正規労働者が半分を占めていた日本郵政グループも、二〇一四年四月から契約社員から地域限定正社員を登用し、二〇一五春からは新卒採用にも広げた。日本郵政の担当者は「社員の入れ替わりが激しく、スキルが蓄積されにくくなった。雇用期間に定めのある契約社員を無期雇用に切り替えることで、長く働ける優秀な人材を確保したい」と説明する。

ファーストリテイリングでは、二〇一五年五月現在で、社内登用や新規採用により、限定正社員である「地域正社員」は七千人にまで広がった。正社員を増やせば人件費は膨らむが、ファーストリテイリングの広報担当者は「正社員化で社員が定着すれば、人を育てるコストが抑えられる。長期雇用で社員はスキルアップし、やる気も上がる。長い目で見れば、生産性の向上や売り上げ増で吸収できる」と見込む。

法律も後押しになった。二〇一三年四月に施行された改正労働契約法で、同じ職場で五年を超えて働くパートなどの有期雇用者は、本人が希望すれば無制限の雇用に切り替えるよう企業に義務づけた。濱口氏は「無期雇用となる社員の受け皿として、企業が限定正社員に目を付けた」と説明する。

†労働の二極化の解消

ファーストリテイリングのパート・アルバイトの正社員化は、従来の正社員の枠組みを変えるものだ。今回の人事制度の見直しは、正社員を海外で活躍するグローバル社員、全国転勤のある国内社員、勤務地が決まっている地域限定社員に区分。正規か非正規かの二者択一だった働き方に、もう一つの選択肢を与えた。地域限定社員には、フルタイムで働けない子育てや介護を抱えた人も登用する。熊沢誠・甲南大学名誉教授は「ノンエリートでも正社員として生きる道を作ったのがユニクロの制度」と解説する。

今までの正社員は、終身雇用を建前に、会社が命じる残業や転勤を「無限定」に受け入れてきた。正社員の過重労働を生む一方で、フルタイムで働けない主婦たちの就労を妨げてきた。木下武男・昭和女子大学特任教授は「非正規労働者の待遇改善だけでなく、残業や転勤のない働き方が広がることで、長時間労働の解消や女性の活用にもつながる」と期待する。

限定正社員は、サラリーマンの「宿命」ともいえる転勤や残業がない。通常の正社員に比べ、昇進や給与などの待遇面では劣るが、地元志向や余暇を楽しみたい人にとっては逆に魅力となる。数年単位の雇用保障しかない非正規労働者と違って、無期雇用となり、長期間安心して働くことができる。

今の時代、いくら非正規労働の拡大が問題だからといって、すべての労働者を正社員として雇うとなれば、今度は企業が雇用調整機能を失い、経済活動が立ちゆかなくなる。右肩上がりの高度成長期から円熟期に入った日本では、すべての日本人が「上を向いて歩こう」という時代は終わった。

熊沢名誉教授は「転勤や残業という制約を受けないのだから、正社員との賃金格差は仕方ない。今の日本で一番の問題は雇用が不安定なことだ。無期雇用になることで、その問題は解消し、生活は安定する」とし、「今までの正社員は無限定に会社からの要求を受け入れざるを得なかった。その要求が限定されることの意味を前向きに捉えるべきだ」と限定正社員の広がりをプラスに評価する。

†雇用ルール

労働人口が減少する中、安倍政権は、女性や高齢者も活躍しやすい多様な働き方の普及を目指している。その一環として期待されているのが、限定正社員だ。ただ、限定正社員という雇用形態は今に始まったものではない。一九八〇年代の頃から、総合職に対する一般職といった形ですでに存在していた。

厚労省が二〇一一年に正社員三百人以上の企業約一万社を対象に調査したところ、限定正社員を導入している企業はサービス業で四割以上に達した。全業種で見ても、正社員全体の三割を占めている。導入企業のうち六割が、解雇の条件を労働契約や就業規則で定めていないなど、雇用保障や働き方を明示しないまま活用している不適切なケースが少なくなかった。

あいまいな雇用ルールのまま限定正社員が広がることに、労働界は「正社員の労働条件の引き下げに悪用されるのでは」と懸念を抱いている。

限定正社員の普及拡大に向け、厚労省の有識者懇談会は二〇一四年七月、企業向けに導入のガイドラインとなる報告書をまとめた。報告書では、企業に職務や勤務地、勤務時間などをあらかじめ雇用者に明示するように求めているほか、働く工場が閉鎖したり、閉店したりしてもただちに解雇はできないとする留意点を明記した。

†まず休息を

「ここまでひどいのか」。二〇一一年五月、三菱重工労働組合の書記長だった村元隆さん（五八）は、社員の安全衛生についての社内会議の席上、会社側から示された社員の健康調査の資料を見て驚いた。

全十三の事業所で、「精神面の不調」が欠勤理由の一位を占めていたのだ。休んだ日数で比較しても、全体の六割近くを占めていた。

三菱重工業では二〇〇一年以降、一人当たり年間の総労働時間は、国が目標としてきた一千八百時間を大幅に上回る二千時間超で高止まり。長時間労働が常態化し、社員の健康が危ぶまれていた。

想像を超える過酷な実態を目の当たりにし、村元さんは「だからこそ「インターバル休息制度」は必要だ」との思いを強くした。

欧州連合（EU）で導入されているインターバル休息制度は、一日のうち、まず休息時間を確保しようという考え方。ＥＵでは、仕事を終えてから次に出勤するまでに十一時間以上の休息を義務付けている。

三菱重工では、当時書記長だった村元さんが先頭に立ち、二〇一一年四月に国内メーカーで初めて、全職種一斉に導入していた。努力義務ではあるものの、「七時間の休息を確保する」と労使間で協定を結んでいる。

国内での導入例はまだ少なく、同じ業界では前例もない。製造業だけに突発の発注もあり、会社側からは生産性への影響を心配する意見もあった。しかし、導入してみると、業務に支障が出たことはなく、メンタル不調を訴える社員も徐々にではあるが減っているという。社員の働き方に対する意識も変わりつつあり、七時間の休息時間を確保するため、仕事のやり方に工夫が見られるようになってきたという。

「残業が減れば、社員は家庭のだんらんが増えて癒やしになり、健康維持にもつながる。仕事の効率化が図られ、生産性も上がる」と導入の意義を強調していた村元さん。導入して四年たったが、「インターバル休息制度を取り入れたのは正解だった」と振り返る。

インターバル休息制度は、残業代ゼロ制度の導入にあたり、労働基準法改正案の中で、制度対象者に義務付ける健康確保措置の一つとして盛り込まれている。残業代ゼロ制度を採用しようという企業は、労働時間の上限規制や、年間百四日以上の休日取得とともに、いずれかのうち一つを選択する。休息時間は法律改正後、厚労省の労政審で審議し、厚労相が省令で定めることになっている。

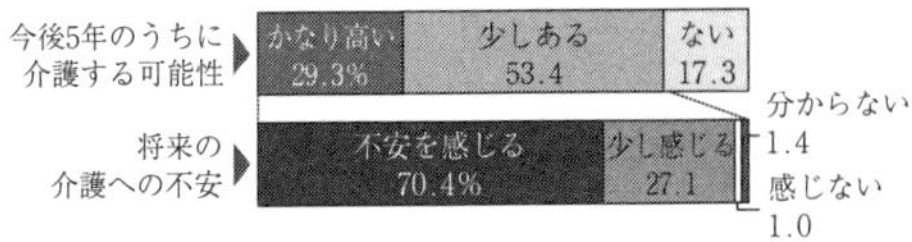

※東大社会科学研究所2011年調査より。小数点2位以下を四捨五入

出所）「東京新聞」2012年7月 27 日付朝刊

図表24　介護に対する大手企業社員の意識（主に40歳以上の2099人対象）

生活変化、待ったなし

長時間労働の抑制に対し、「ワーク・ライフ・バランス」（仕事と生活の調和）という考え方にも注目が集まっている。政府も二〇〇七年十二月、憲章や指針をまとめ、官民挙げた取り組みが進みつつある。

仕事と家庭の両立というと、子育てを連想しがちだ。しかし、企業向けに働き方をコンサルティングしている「ワーク・ライフバランス」（東京）には四、五年前から、介護との両立に関する相談が増えているという。

第二次世界大戦直後の一九四〇年代後半に生まれた団塊世代は、今や六十五歳以上だ。団塊世代が七十五歳以上になる「二〇二五年問題」は、十年後に迫っている。四人に一人が七十五歳以上となり、労働人口の減少とともに介護や医療の制度の維持が難しくなると危惧されている。超高齢化社会の到来に伴い、親の介護に直面する団塊ジュニアは四十～五十代を迎え、今や会社の主力社員だ。

総務省の就業構造基本調査によると、二〇一一年十月から一年間に介護や看護で仕事を辞めた人は十万一千人。働きながら介護している人は全国で約二百四十万人にも及ぶ。内閣府の試算では、年間十万人が仕事を辞めると、国内総生産（GDP）を〇・一ポイント押し下げるという。今後、親の介護に迫られる団塊ジュニアは、さらに増えるだろう。働き盛りの社員が、仕事との両立がかなわず辞めざるをえないとなれば、企業ばかりか社会にとってもマイナスだ。

ワーク・ライフバランス社の小室淑恵社長は「今や会社と家庭の両立は切迫した問題。長時間労働に頼った働き方のリミットは近い。これ以上、経営者は現実に目を背けるべきではない」と話す。

労働者の命と健康だけではない。ライフスタイルの変化からも、「脱長時間労働」は待ったなしだ。

あとがき

一連の「過労社会」の取材を通じて思った。日本の職場は、ラフプレーだらけのサッカーのようだと。過労死、サービス残業、パワハラ……。フィールドのあちこちでルール破りが起こっている。審判の笛が鳴ってもおかまいなしだ。

どんなに試合が荒れようが、要は勝つため。「ルールなんか守っていたら点が取れないでしょ」と言わんばかりに。それは、経済界に取材したときに聞いた「過労死の問題も大事だが、それでは世界で戦えない」という発言と符合する。

どんなスポーツでもルールがあるからゲームが成立する。私たちの社会だってそうだ。ルールがあるから安心して暮らせる。

しかし、今、安倍政権は「勝つためには邪魔だ」とルールの一部を外そうとしている。

ルールを規制に、勝利を成果に置き換えてみればいい。戦後、ひたすら走り続けてきた日本は、今や息切れしている。にもかかわらず、勝利至上主義のアベ・ジャパンは、高度経済成長という過去の栄光が忘れられず、「成果」「成果」と国民を追い立てる。ラフプレーが横行する試合を正当化するかのようなルール撤廃で、試合は成り立つのだろうか。

三年前、まだ日本が超円高で苦しんでいた当時、取材した企業側から幾度となく「景気がよくなれば、今の日本が抱えている問題は解消しますよ」と聞かされた。その後、円安に転じ、自動車産業を中心に一気に業績を回復した。では、その結果、長時間労働は改善されたのか、非正規雇用は減ったのか。

相変わらず長時間労働に依存する働き方は変わらない。労働基準法改正案では健康を確保する対策も打ち出しているが、あまりに貧弱だ。政府や経済界は目先の成果、目先の成長を求めることで頭がいっぱい。私には、労働人口の減少が進む中、貴重な人材を食いつぶしているとしか思えない。

長時間労働による弊害は過労死やメンタル不調だけに留まらない。少子化や介護問題、女性の社会進出にも波及する問題だ。こんな時代だからこそ、経営者は私たち働く人たちを、成果を生み出すモノでなく、人としてみる視点を忘れてはなるまい。

利益一辺倒の経営論理は、もう限界だ。男性も女性も若者もお年寄りも、どんな人でも、生き生きと働けるような職場づくり。それは「成果」ではなく「生きがい」に重きを置く社会。バリバリ働く人がいてもいい。午後七時の晩酌が楽しみという生き方があってもいい。そのためには規制を外すことではなく、新たな規制に作り変えることが必要だ。

以前、長時間労働の問題について、大学生から講演を頼まれたことがあった。数年後には社会に出て行く学生たちは、拙い講演の中からでも、自分たちの将来を見つけ出そうとしていた。後日届いた学生の感想文は、こう結ばれていた。「命と生活の犠牲の上にしか成り立たない利益は追求すべきでないと思う」

きれい事と片付けられるだろうか。これからの日本を担うのは彼ら、彼女らだ。

会期が延長された二〇一五年の通常国会で、いよいよ労働時間の規制緩和をうたう労働基準法改正案の審議が始まる。日本の働き方が大きく変わろうとする今こそ、当事者として私たち一人ひとりが少し立ち止まって「働く」ことの意味を考えなければ――。そんな思いで筆を執った。

本書は、ワタミフードサービスの新入社員の過労自殺をきっかけとして、長時間労働についての三年にわたる取材の成果を取りまとめたものだ。一部は、「過労社会」というタイトルで、東京新聞でも報じてきた。取材にご協力いただいた数多くの関係者の方々にはお礼を申し上げたい。

「過労社会」のキャンペーン報道に取り組んだ東京新聞横浜支局時代、上司だった立尾良二支局長、菊谷隆文デスク（現・東京新聞社会部）には、取材の機会を与えていただいたことに感謝している。また、横浜支局では、同僚の皆川剛記者（現・東京新聞社会部）とともに取材を進めてきた。本書の執筆にあたっても、当時の取材メモや資料の提供を受けた。

最後に本書の出版では、筑摩書房新書編集部の永田士郎さんに企画段階から、ご指導いただき、脱稿まで辛抱強く待っていただいた。

二〇一五年七月　　中澤　誠

ちくま新書
1138

ルポ 過労社会《かろうしやかい》
——八時《はちじ》間労働《かんろうどう》は岩盤《がんばん》規制《きせい》か

二〇一五年八月一〇日 第一刷発行

著者 中澤誠（なかざわ・まこと）
発行者 山野浩一
発行所 株式会社 筑摩書房
東京都台東区蔵前二-五-三 郵便番号一一一-八七五五
振替〇〇一六〇-八-四一二三
装幀者 間村俊一
印刷・製本 三松堂印刷 株式会社

乱丁・落丁本の場合は、左記宛にご送付下さい。
送料小社負担でお取り替えいたします。
ご注文・お問い合わせも左記へお願いいたします。
〒三三一-八五〇七 さいたま市北区櫛引町二-六〇四
筑摩書房サービスセンター 電話〇四八-六五一-〇〇五三

ISBN978-4-480-06845-3 C0236

ちくま新書

887 キュレーションの時代 ――「つながり」の情報革命が始まる　佐々木俊尚
テレビ・新聞・出版・広告――マスコミ消滅後、情報はどう選べばいいか？　人の「つながり」で情報を共有する時代の本質を抉る、渾身の情報社会論。

1020 生活保護 ――知られざる恐怖の現場　今野晴貴
高まる生活保護バッシング。その現場では、いったい何が起きているのか。自殺、餓死、孤立死……。追いつめられ、命までも奪われる「恐怖の現場」の真相に迫る。

1029 ルポ 虐待 ――大阪二児置き去り死事件　杉山春
なぜ二人の幼児は餓死しなければならなかったのか？現代の奈落に落ちた母子の人生を追い、女性の貧困を問うルポルタージュ。信田さよ子氏、國分功一郎氏推薦。

1078 日本劣化論　笠井潔　白井聡
幼稚化した保守、アメリカと天皇、反知性主義の台頭、左右の迷走、日中衝突の末路……。戦後日本は一体どこまで堕ちていくのか？　安易な議論に与せず徹底討論。

1100 地方消滅の罠 ――「増田レポート」と人口減少社会の正体　山下祐介
「半数の市町村が消滅する」は嘘だ。「選択と集中」などという論理を振りかざし、地方を消滅させようとしているのは誰なのか。いま話題の増田レポートの虚妄を暴く。

1120 ルポ 居所不明児童 ――消えた子どもたち　石川結貴
貧困、虐待、家庭崩壊などが原因で、少なくはない子どもたちの所在が不明になっている。この国で社会問題化しつつある「消えた子ども」を追う驚愕のレポート。

1125 ルポ 母子家庭　小林美希
夫からの度重なるDV、進展しない離婚調停、親子のギリギリの生活……。社会の矛盾が母と子を追いこんでいく。彼女たちの厳しい現実と生きる希望に迫る。